불확실의 시대, '오직'을 말하다

불확실의 시대, '오직'을 말하다

초판 1쇄 발행 / 2018년 7월 27일
초판 3쇄 발행 / 2024년 8월 25일

지은이 / 신호섭
펴낸이 / 신은철
펴낸곳 / 좋은씨앗
출판등록 / 제4-385호(1999. 12. 21)
주소 / 서울시 서초구 바우뫼로 156(MJ 빌딩), 402호
주문전화 / (02)2057-3041 주문팩스 / (02)2057-3042

www.facebook.com/goodseedbook

ISBN 978-89-5874-304-0 04230

이 책의 저작권은 〈좋은씨앗〉에 있습니다.
신저작권법에 의하여 보호를 받는 저작물이므로 무단 전재와 복제를 금합니다.

단단한 기독교 시리즈 7

불확실의 시대, '오직'을 말하다

다섯 가지 솔라로 설명하는 기독교 신앙의 성경적 원리와 정신

신호섭

좋은씨앗

추천의 글

성경은 '기억'할 것을 강조한다. 이스라엘은 애굽 땅에서 종 되었던 것이나 안식일 등과 동시에 구속주 여호와 하나님을 기억해야 하며, 우리는 성찬에서 예수님을 기억해야 한다. 기억은 단순한 기념이 아니며, 옛 사건과 그 사건을 행하신 삼위 하나님의 사역을 기억하여 그 은덕을 받아 누리는 교제다. 종교개혁은 삼위 하나님께서 죄인 루터를 의인으로 만드시고 사용하신 놀라운 역사다. 이 때문에 우리는 오직 은혜로, 오직 그리스도만을, 오직 믿음으로 의롭게 된다는 사실을, 오직 성경으로 깨닫고, 오직 하나님께 영광을 돌려드릴 수 있다. 우리는 '다섯 가지 오직'을 늘 새롭게 기억하고 깨달아 항상 삼위 하나님만 찬양해야 한다.

이 책은 오직 성경 말씀에서 '다섯 가지 오직'을 차분하면서도 꼼꼼하게 기억하고, 이것들이 교회사에서 어떻게 왜곡되었으며, 종교개혁자들이 어떻게 회복했는지를 반성적으로 기억한다. 나아가 설교단에서 행한 설교와 가르침을 이 책에 담은 저자는, 바울 사도처럼 밤낮 쉬지 않고 눈물로 각 사람을 훈계하던 것을 기억한다(행 20:31). 우리가 '다섯 가지 오직'을 기억할 때, 하나님께서 우리의 불의를 긍휼히 여기시고 우리의 죄를 다시 기억하지 아니하심(히 8:12)으로 한국 교회가 개혁되는 놀라운 기쁨이 이 책을 통해 일어나기를 기대한다.

유해무 _ 고려신학대학원 교의학 교수, 『우리는 무엇을 믿는가』 저자

우리 주변을 잘 살펴보면, 종교개혁자들의 생각을 조금 비트는 정도가 아니라 완전히 뒤엎어 버리는 주장들이 난무하고 있다. 그런데 개신교회에 속해 있다고 하는 사람들도 그것이 얼마나 심각한 문제인지 모르고 그저 같이 살아가려고 하는 모습을 보게 된다. 이런 정황에 비추어 볼 때, 개혁신학이 성경으로 철저하게 모든 것을 살피면서 가장 성경적인 입장을 드러내려고 애쓴 바를 성도들이 쉽게 이해할 수 있도록 소위 '다섯 가지 오직'(five Solas)으로 정리하여 제시하는 일이 오늘날 아주 절실하다. 이 일에 앞장서서 아주 명확한 성경적 입장, 아주 명확한 개혁파적 입장을 잘 드러내 주신 신호섭 교수님과 올곧은교회, 그리고 좋은 씨앗 출판사에 감사드린다.

참으로 감사하는 길은, 이 귀한 책을 꼼꼼이 읽고 그에 근거하여 더 철저한 성경적 개혁파 입장으로 나아가는 일일 것이다. 부디 우리 모두 그런 사람들이 되어 한국 교회를 참으로 성경적 개혁파 교회가 되게 하는 일로 나아갔으면 한다.

이승구 _ 합동신학대학원대학교 조직신학 교수, 『기독교 세계관이란 무엇인가』 저자

차례

추천의 글 • 4

서문 • 9

✲

1. 오직 믿음(*Sola Fide*) • 17

2. 오직 은혜(*Sola Gratia*) • 35

3. 오직 그리스도(*Solus Christus*) • 53

4. 오직 하나님께 영광(*Soli Deo Gloria*) • 71

5. 오직 성경(*Sola Scriptura*) • 91

✲

부록_ 마르틴 루터의 종교개혁 4대 특징 • 111

추천도서 • 137

루터 관련 추천도서 • 143

서문

지난 2017년은 마르틴 루터로 촉발된 종교개혁이 시작된 이래 500년이 되는 해였습니다. 이런 뜻깊은 해를 기념해서 각종 세미나와 컨퍼런스 등 교계와 신학계에서는 많은 행사들이 있었고, 독일과 영국, 스위스, 프랑스를 포함한 종교개혁지를 탐방하는 신자들이 늘어나 오랜만에 여행사들도 특수를 누렸습니다. 하지만 상대적으로 우리의 믿음이 성숙해졌는지는 미지수입니다. 종교개혁 500주년도 지나갔고 요란한 행사들도 끝났습니다. 이제 우리의 믿음을 다시 한 번 점검해야 할 때입니다.

종교개혁이라고 하면 빼놓을 수 없는 것이 바로 5대 표제,

즉 '오직 은혜', '오직 믿음', '오직 그리스도', '오직 하나님께 영광', '오직 성경'입니다. 이 표제들은 종교개혁 정신을 잘 드러내는 상징적인 광고문안과도 같습니다. 우리는 이 표제들을 통상적으로 '파이브 솔라'(Five Solas) 또는 '다섯 가지 오직'이라 부릅니다. 영미권에서는 '5 solas'라고 부르고, 불어권에서는 'les 5 solas'라고 관용적으로 사용합니다.

하지만 엄밀히 말하면, 5솔라(five solas or five solae)가 아니라 3솔라(three solas), 1솔리(one soli), 1솔루스(one solus)라고 해야 합니다. 라틴어에서 솔라(sola)는 탈격이고, 솔리(soli)는 여격이며, 솔루스(solus)는 주격입니다. 탈격은 동작이나 행동이 비롯하는 원인을 가리키고, 여격은 '주다'의 의미를 지닌 '여'가 들어간 이름에 잘 나타나듯이 대상을 가리키며, 주격은 문장에서 서술어의 주어임을 가리키는 문법의 형태입니다. 따라서 '오직 믿음', '오직 은혜', '오직 성경'은 원인 또는 방편이며, '오직 하나님께 영광'은 '하나님께 영광이 있다'는 뜻이며, '오직 그리스도'는 '그리스도께서 모든 것을 하신다'는 의미를 지닙니다.

종교개혁의 후예들이 개혁의 표제를 이렇게 명명한 데는 이유가 있습니다. 그리스도는 신앙생활의 수단이나 방편이 아니라 주인이십니다. 하나님의 영광은 우리의 목적이자 방향입니다. 따라서 그리스도인은 오직 하나님의 말씀을 통하여, 오직 믿음을 도구로, 오직 하나님의 은혜로 말미암아, 오직 그리스도께서 이루신 완전한 의 안에서, 이미 존재하시는 하나님께만 오직 모든 영광을 돌리는 사람이라 할 수 있습니다.

종교개혁의 다섯 가지 정신을 종교개혁자들이 처음부터 '파이브 솔라'로 부른 것은 아닙니다. 이런 명칭은 종교개혁 시대의 산물이 아니라 역사와 신학이 점진적으로 발전해 감에 따라 19세기 또는 20세기 이후에 발전한 근대의 명칭입니다. 종교개혁자들이 각각의 원리를 하나씩 둘씩 강조했을 뿐입니다. 마르틴 루터나 존 칼빈이나 존 오웬이 '파이브 솔라'를 말한 적이 없습니다. 그들은 오직 믿음, 오직 은혜, 오직 그리스도, 오직 하나님께 영광 등을 강조했을 뿐입니다.

반드루넨이나 딕스호른, 필립 라이큰도 이와 동일한 견해를 제시합니다. "만일 종교개혁자들에게 그들의 핵심 교리들을 언급하라고 했다면, 그들은 즉시 오직 교회 안에서 오직 성령으로 말미암는 구원에 대해 말했을 것입니다."* 하지만 '파이브 솔라'는 종교개혁의 성경적 원리와 정신을 다섯 가지 표제

---

* *Scottish Bulletin of Evangelical Theology 23*, 1[2005], p. 115. 데이비드 반드루넨, 『오직 하나님의 영광』, p. 16.

로 요약하여 후대 교회들에게 신앙과 행실의 성경적 기준을 제시해 주었다는 점에서 그 역사적, 신학적 의의가 있다 할 것입니다.

종교개혁의 다섯 가지 표제에 특별히 정해진 순서는 없습니다. 설교자나 신학자마다 자신이 강조하고자 하는 표제가 전체 다섯 가지 표제를 결집시키는 가장 중요한 주제라고 여길 것입니다. 무엇부터 시작하든지 크게 문제될 것은 없습니다. 하지만 저는 이 책의 순서를 '오직 믿음'부터 시작하려고 합니다. 그 이유는 인식론적 차원에서 믿음이 없이는 아무것도 시작될 수 없기 때문입니다. 믿음이 있어야만, 오직 하나님의 은혜로, 오직 그리스도를 받아들여, 오직 하나님께 영광을 돌릴 수 있기 때문입니다.

캘리포니아에 소재한 웨스트민스터신학교 조직신학 교수인 데이비드 반드루넨은 "'오직 하나님께 영광'이 지붕이라면 나머지는 지붕을 받치는 기둥"이라고 말했습니다. 반드루넨은 '솔리 데오 글로리아'(Soli Deo Gloria)를 강조한 것이지요. 반면에 토마스 슈라이너는 '솔라 피데'(Sola Fide, 오직 믿음)가 종교개혁의 다섯 가지 표제를 하나로 결집해 주는 것이라고 말했습니다.

저는 동일한 이유로 '오직 성경'을 제일 마지막에 놓았습니다. 오직 성경이 아니고서는 우리가 믿음을 가질 수도, 은혜를 받을 수도, 그리스도를 알 수도, 하나님께 영광을 돌릴 수도 없다고 보기 때문입니다. 오직 은혜, 오직 믿음, 오직 그리스도, 오직 하나님께 영광을 가능하게 해주는 유일무이한 말씀이 성경이기 때문입니다. 바로 이와 동일한 이유로, 필라델피아 제10장로교회에서 오랫동안 설교하며 은혜를 끼친 제임스 몽고메리 보이스 목사처럼 '오직 성경'을 가장 먼저 설교할 수도 있습니다.

또한 부록으로 "마르틴 루터의 종교개혁 4대 특징"을 수록한 이유는, 종교개혁의 다섯 가지 표제가 그저 지식과 학문을 위한 용어가 아니라 역사의 현장 속에서 발생한 생생한 사건이며, 우리 역시 그러한 신앙의 삶을 분투하며 살아가기를 요청하기 위해서입니다. 신앙은 탁상공론이 아니라 내가 살아가고 싸워야 할 실제적인 삶입니다. 루터는 바로 그런 믿음을 깨달았고, 그런 믿음에 기초하여 확신 가운데 살았으며, 하나님이 주신 신앙의 경주를 완주했습니다.

이 책은 종교개혁의 다섯 가지 표제를 교의신학적으로 엄밀하게 다루는 교과서는 아닙니다. 더욱 정교하고 상세한 해설서들은 이 책의 뒷부분에 추천해 놓았습니다. 물론 이 책은 엄밀하고 정교한 교의신학에 기초하여 쓰였습니다. 하지만 성경 본문이 있고, 그 본문에 기초한 주해와 설명과 간략한 적용이 있는 설교문입니다. 제가 목양하고 있는 교회에서 행한 설교를 신학적, 주해적으로 다듬은, 읽는 설교라 할 수 있습니다. 목회자들이 아니라 신자들을 대상으로 했기에 쉬우면서도 교훈적입니다.

그럼에도 이 책의 1차 독자들이 설교자들과 목회자들 또는 목회자 후보생들이면 좋겠습니다. 설교자들이 종교개혁의 다섯 가지 표제를 정확히 알아야 올바르게 설교하고 가르칠 수 있기 때문입니다. 이미 종교개혁의 다섯 가지 표제를 잘 알고 있는 설교자들도 이 책을 참조하여 사용하면 유익할 것입니다. 교리나 신앙고백서에 정통하다 할지라도 많은 설교자들이 성경 본문을 사용하여 교리 설교를 하는 것을 어려워합니다. 이 책은 바로 그 점에서 유익합니다. 목회자들은 이 책을 통해 종교개혁의 원리를 성도들에게 쉽게 설교할 수 있을 것입니다.

또한 이 책은 성도들에게도 매우 유익할 것입니다. 신학교에서 오랫동안 신학생들을 가르치고 강단에서 설교하며 목회를 경험한 결과, 신학생들도 그렇지만 성도들이 자신이 믿고 있는 믿음의 내용을 설명하는 것을 매우 어려워한다는 것을 발견했습니다. 어렴풋하게만 알고 있지 정확히 알고 있지 않았습니다. 그러다 보니 정확하고 바르게 알려 하기보다는 그저 교회당만 왔다 갔다 하는 종교생활에 더 초점을 맞추는 이들도 있습니다. 하지만 그렇게 해서는 믿음이 바르게 성장할 수 없습니다. 바로 알지 못하면 자신의 신앙생활을 바르게 개혁하지 못합니다. 올바른 신앙생활을 하려면, 올바른 지식이 필수입니다.

본문의 말씀을 충분히 묵상하고 설교문을 읽어 나가다 보면, 어느새 종교개혁의 핵심 원리에 익숙해져 있는 자신을 발견하게 될 것입니다. 따라서 이 책을 성경공부 교재나 새가족 교재로 활용해도 좋을 것입니다. 더 나아가 기독교 신자가 아닌 분들에게 선물로 주어 복음 전도의 방편이 되어도 좋겠습니다. 이 책은 그리스도인이 누구이며 어디서 왔고, 누구를 믿으며 살고, 왜 살아가며 어디로 가고 있는지를 보여 주기 때문입니다.

이 책을 기쁘게 추천해 주신 유해무 교수님과 이승구 교수님께 진심으로 감사드립니다. 그리고 항상 은혜롭게 설교를 들어 주시고 사선을 넘나드는 전쟁터와 같은 목양의 현장에서 기쁨과 슬픔을 함께해 주신 올곧은교회 모든 성도들에게 진심으로 감사드립니다.

신호섭

예전에 어떤 사람이 저에게 매우 깊은 영향을 끼치는 말을 했습니다. 그 말은 지금도 여전히 저에게 영향을 끼치고 있습니다. 저는 이것이 제가 지금까지 들은 말 가운데 가장 심중을 파고드는 심오한 진술이라고 생각합니다. 그 진술은 다음과 같습니다. "우리 많은 그리스도인들의 문제는, 우리가 주 예수 그리스도에 관해서 믿을 뿐, 그분 자체를 믿지 않는 것이다."

로이드 존스, *Studies in the Sermon on the Mount*(산상설교 2), p. 128

믿음이, 한 분 하나님을 바라보는 것이라는 것은 분명한 사실이다. 그러나 여기에 "그가 보내신 자 예수 그리스도를 아는 것"(요 17:3)이라는 사실을 덧붙여야 옳다. 만일 그리스도의 광채가 우리에게 비쳐지지 않았다면, 하나님은 저 멀리 감추어진 상태로 남아 계셨을 것이다. 이를 위하여 아버지께서는 자신이 지니신 모든 것을 그의 독생자에게 간직해 두사 그의 안에서 자신을 드러내고자 하셨고, 그리하여 그리스도께서 아버지의 축복들을 전해 주심으로써 그의 영광의 참 형상을 표현하도록 하신 것이다. 우리가 그리스도를 찾도록 일깨움을 받으려면 반드시 성령께서 그렇게 이끄셔야 한다. 이와 같이 우리는 눈에 보이지 않으시는 아버지를 보는 길은 오직 그의 형상을 추구하는 데 있다는 사실을 기억해야 한다.

칼빈, 『기독교 강요』 3.2.1.

1. 오직 믿음
Sola Fide

[01]이러므로 우리에게 구름같이 둘러싼 허다한 증인들이 있으니 모든 무거운 것과 얽매이기 쉬운 죄를 벗어버리고 인내로써 우리 앞에 당한 경주를 하며 [02]믿음의 주요 또 온전하게 하시는 이인 예수를 바라보자 그는 그 앞에 있는 기쁨을 위하여 십자가를 참으사 부끄러움을 개의치 아니하시더니 하나님 보좌 우편에 앉으셨느니라. 히브리서 12:1-2

종교개혁의 달을 맞이하면, 교회마다 종교개혁의 다섯 가지 표제에 관심을 기울입니다. 하지만 종교개혁의 다섯 가지 표제는 사실상 매일 되새겨야 할 신자의 신앙 법칙입니다. 우선 무엇보다 먼저 '오직 믿음'에 대해 생각해 보려고 합니다.

성경에서 신자에게 가장 중요한 것이 있다면, 믿음이 아니겠습니까? 신자는 믿는 사람입니다. 믿음이란 단어는 구약과 신약, 전 성경에서 가장 강조되는 단어입니다. 신약의 믿음 장이라 불리는 히브리서 11장은 "믿음으로 모든 세계가 하나님의 말씀으로 지어진 줄을 우리가 아나니"(3절)라고 선포합니다. 우리에게 믿음이 없다면, 창세기 1장을 믿을 수도 없고 참되게 알 수도 없을 것입니다. 하나님께서 주신 계시의 말씀인 성경의 가장 첫 번째 책인 창세기가 우리에게 믿음을 요구하고 있습니다. 뿐만 아니라 성경은 구약의 모든 신앙의 선조들이 전부 다 하나도 빠짐없이 믿음으로 살았다고 선포합니다.

신약성경을 보십시오. 모든 사도들이 성도들에게 주를 그리스도로 믿으라고 명령합니다. 바울 신학의 핵심도 "예수가 주요 그리스도이시다"는 것입니다. 사도행전은 도처에서 "주 예수를 믿으라"고 명령하며, 서신서도 도처에서 우리가 믿음으로 말미암아 하나님의 자녀가 되었다고 선포합니다. 주님도 우리에게 "믿으라"고 요청하십니다(요 14:1, 11). 교회와 신자에게 믿음만큼 중요한 것이 또 있을까요? 이제 히브리서 12장의 첫 두 절을 중심으로 '오직 믿음'에 대해 생각해 보겠습니다.

예수 그리스도를 바라보는 것

첫째, 오직 믿음은 예수 그리스도를 바라보는 것입니다(2절). 바울은 예수를 바라보라고 말합니다. 예수를 바라보는 것이 무엇입니까? '바라보다'에 해당하는 헬라어 단어 '아포론테스'(*aphorontes*)는 문자 그대로 '바라보다, 자세히 들여다보다, 눈을 고정시키다'의 뜻을 지닙니다. 그런데 이 단어가 현재시제로 기록되었습니다. 계속하여 자세히 들여다보고 시각을 고정시키라는 말입니다. 누구에게 말입니까? 그리스도 예수께 말입니다.

17세기의 칼빈이라 불리는 영국 청교도의 황태자 존 오웬은 이렇게 말합니다. "바라본다는 말이 하나님 또는 그리스도께 적용되었을 때 그것은 언제나 소망과 기대를 동반한 믿음이나 신뢰의 행위를 의미한다." 이것은 그저 이해하는 행위나 우리가 보고 있는 것이 무엇인지 피상적으로 고찰하는 것을 뜻하지 않습니다. 바라본다는 것은, 전적으로 믿고 신뢰하며 의지하는 영혼의 행위입니다. 말하자면, 오직 예수님 한 분만으로 만족하고, 그리스도로 말미암아 기쁘고 즐거우며, 그리스도 예수 때문에 행복한 것입니다. 이런 의미에서 믿음은, 믿는다는 행위가 아니라 믿음의 대상에 집중하는 것입니다. 마틴 로이드 존스의 표현대로 하면, 예수 그리스도에 관해서 믿는 것이 아니라 예수 그리스도 그분 자체를 믿는 것입니다.

바울은 "예수를 바라보자!"고 우리를 충동합니다. 이것은 우리의 모든 기쁨과 즐거움과 행복과 만족을, 더 나아가 자신의 구원을 오직 예수님 안에서 찾으라는 뜻입니다. 이것이 바로 우리 앞에 주어진 신앙의 달리기입니다. 잠시 후에 언급하겠지만, 이 본문에 나오는 동사 '바라보라'는 주동사가 아닙니다. 주동사는 헬라어 '트레코멘'(trekomen), 즉 '달려가다'입니다. 그렇다고 해서 뜻이 달라지지는 않습니다. 말하자면, 우리 앞에 당한 경주를 할 때 예수를 바라보면서 하라는 것입니다. 신앙의 달리기를 할 때, 예수님의 존재와 인격 안에서 만족하고 기뻐하라는 것입니다. 그분의 존재와 그분이 나를 위해 행하신 놀라운 일을 믿고 의지하라는 것입니다.

이런 의미에서 예수를 바라본다는 것은, 구약의 선지자들을 통해 예언되었고 사도들을 통해 증거된 분으로 예수 그리스도를 믿는 것을 뜻합니다. 따라서 참된 믿음은 성경에 기록된 그리스도에 대한 약속을 믿는 것입니다. 우리는 오직 성경대로 믿어야 합니다. 바울은 히브리서 11장 1절에서 "믿음은 바라는 것들의 실상이요 보이지 않는 것들의 증거니"라고 정의하며, 창세기부터 시작된 믿음의 영웅들을 나열합니다.

그리고 12장 2절에서 "믿음의 주요 또 온전하게 하시는 이인 예수를 바라보자"고 말합니다. 우리 믿음의 대상은 성경이 예언하고 약속하신 메시아 주 예수 그리스도이십니다. 따라서 참된 믿음은 언제나 성경대로 오시고, 성경대로 사시고, 성경의 예언대로 죽으신 예수를 바라보는 것입니다. 그리고 그분을 믿고, 그분을 의지하며, 그분 안에서 참되게 안식하는 것입니다. 오직 그리스도 그분만 소망하는 것입니다.

우리는 어떻게 이런 믿음을 갖게 되었습니까? 바울은 그것이 "하나님의 선물"이라고 말합니다(엡 2:8). 이런 의미에서 믿음은 수단이요 도구입니다. 또한 바울은 "믿음은 들음에서 나며 들음은 그리스도의 말씀으로 말미암았느니라"고 말합니다(롬 10:17). 그리고 "믿음이 없이는 하나님을 기쁘시게 하지 못하나니"라고 말합니다(히 11:6).

그렇다면 우리의 믿음 역시 성경적이어야 합니다. 성경은 우리의 믿음이 그리스도 안에 있어야 한다고 말합니다. 이 말은 우리 마음을 오직 그분께 고정해야 함을 뜻합니다. 나에게서 그리스도께로, 다른 사람에게서 그리스도께로, 세상에게서 그리스도께로, 물질에게서 그리스도께로, 다른 세속적 기대에게서 그리스도께로 방향을 바꾸어 주님을 향해야 합니다. 말하자면 "세상과 나는 간 곳 없고 구속한 주만 보이도다"

라고 노래하는 것입니다.

오늘날 적지 않은 신자들이 예수님을 믿고 신앙생활한다고 하면서 자신을 보고, 다른 사람을 보고, 세상 사람들을 보고 실족합니다. 그 이유는 나를 구속하신 예수님께 집중하지 않기 때문입니다. 본질에 집중하지 않을 때 사소한 것들이 다 문제가 됩니다.

믿음 생활을 하다 보면, 예수님을 바라보지 못하게 하는 장애물들이 생깁니다. 그럴 때마다 진실한 신자는 믿음의 주변부를 바라보지 말고, 믿음의 본질이며 믿음의 핵심이신 그리스도를 바라보아야 합니다. 시편 기자는 "내가 산을 향하여 눈을 들리라 나의 도움이 어디서 올까 나의 도움은 천지를 지으신 여호와에게서로다"라고 노래합니다(시 121:1-2). 우리 역시 이렇게 노래해야 합니다. "내가 산을 향하여 눈을 들리라 나의 도움이 어디서 올까 나의 도움은 나를 위해 십자가에서 보혈을 흘려 주신 그리스도 예수에게서로다!"

예수님을 믿는다고 하면서 내 힘으로 살아가려 하는 것은 아직은 참되게 예수님을 의지하지 않는 것입니다. 예수님을 믿는다고 하면서 여전히 주변부를 바라보고 좌로나 우로나 치우친다면 예수님을 바라보는 것이 아닙니다. 우리를 죄와 사망의 비참함에서 구원하시고 의롭다 칭하여 주신 그리스도 예수만 의지하고 바라보는 성도들이 되기를 소원합니다.

처음부터 끝까지 예수님만 바라보는 믿음

둘째, 오직 믿음은 처음부터 끝까지 예수님만 바라보는 믿음입니다(2절). 우리가 바라봐야 할 예수님은 누구십니까? 기독교 신앙의 정수는 바로 이 짧은 질문에 어떻게 대답하느냐에 달려 있습니다. 바울은 예수님을 바라보자고 권면하면서 그분이 누구신지를 설명합니다. 우리가 바라봐야 할 예수님은 믿음의 주(author)요, 또 온전하게 하시는 이(perfecter)십니다. "믿음의 주요 또 온전하게 하시는 이"가 "예수"를 수식하고 있습니다. 예수님이 누구시냐고 할 때 여러 정의를 내릴 수 있지만 그 가운데 하나가 바로 오직 믿음과 관련해서 "믿음의 주요 또 온전하게 하시는 이"십니다. '믿음의 주'에 해당하는 헬라어 '아르케고스'는 '창시자'를 뜻하고, '온전하게 하시는 이'에 해당하는 헬라어 '텔레이오테스'는 '완성자' 또는 '종결자'를 뜻합니다.

바울은 히브리서 2장 10절에서도 동일한 단어들을 사용합니다. "그러므로 만물이 그를 위하고 또한 그로 말미암은 이가 많은 아들들을 이끌어 영광에 들어가게 하시는 일에 그들의 구원의 '창시자'를 고난을 통하여 '온전하게 하심'이 합당하도다." 이 말은, 나를 구원하는 나의 믿음이 예수님으로부터 시작해서 예수님에 의해 진행되며 예수님이 마쳐 주시는 믿음이라는 의미입니다. 시작과 진행과 끝이 모두 예수님께 달려 있는 믿음입니다.

바울은 빌립보서에서 우리 믿음의 효과에 대해 이렇게 말합니다. "너희 안에서 착한 일을 시작하신 이가 그리스도 예수의 날까지 이루실 줄을 우리는 확신하노라"(빌 1:6). 만일 우리 믿음의 시작과 끝이 그리스도 예수께 달려 있다면, 신자는 그리스도께 절대 의존적인 존재가 아니고 무엇이겠습니까!

우리 믿음의 시작은 주님께서 하시고 우리 믿음의 마지막은 우리가 마치는 것이 아닙니다. 그것은 신율법주의 또는 신복음주의 경향입니다. 신율법주의 또는 신복음주의는 이렇게 말합니다. "자, 예수님이 나를 위해 십자가에서 죽으심으로 구원의 가능성을 이루셨다. 그러니 이제 내가 믿고 열심히 선행을 하고 거룩한 삶을 살아서 예수님이 이루어 놓으신 구원을 온전히 성취하자." 아닙니다. 전혀 그렇지 않습니다. 참된 구원은 철저하게 주님께서 시작하시고 주님께서 마치시는 것입니다.

과거 역사로부터 오늘날에 이르기까지 수많은 사람들이 이런 신앙의 경향으로 살아갑니다. 16세기에 종교개혁이 일어나고 개혁자들이 '오직 믿음'을 강조한 이유도 바로 로마 천주교회가 행함으로 구원을 얻는다고 가르쳤기 때문입니다. 이런 복음은 반쪽짜리 복음이요, 반쪽짜리 구원이요, 반쪽짜리 그리스도입니다. 내가 구원을 성취하지 않으면 구원이 완성되지 않는 불완전한 속죄입니다. 조엘 비키 박사는 이런 사람들이 믿는 구세주는 '실패하는 구세주'라고 명명한 바 있습니다.

결코 그렇지 않습니다. 우리가 천년을 살고 만년을 산다고 한들, 우리가 하나님 앞에 행한 선행으로 오늘보다 내일 더 거룩하고 정결하게 설 수 있을까요? 아니요. 결코 그럴 수 없습니다. 바울은 로마서 3장 20절에서 "그러므로 율법의 행위로 그의 앞에 의롭다 하심을 얻을 육체가 없나니 율법으로는 죄를 깨달음이니라"고 말합니다. 갈라디아서 2장 16절에서도 이렇게 말합니다. "사람이 의롭게 되는 것은 율법의 행위로 말미암음이 아니요 오직 예수 그리스도를 믿음으로 말미암는 줄 알므로 우리도 그리스도 예수를 믿나니…."

바로 이런 이유 때문에 미국 개혁주의 신학교인 웨스트민스터신학교를 설립하고 오랫동안 학장을 역임한 존 그레샴 메이첸 목사가 임종하기 직전에 존 머레이에게 보낸 전보에서 "나는 그리스도의 능동적 순종에 감사합니다. 그것이 없었다면, 나에게는 소망이 없었을 것입니다"라고 고백한 것입니다. 이 고백이 우리의 고백이 되기를 소원합니다. 우리는 예수님을 반쪽짜리 구주로 만들어서는 안 됩니다.

물론 우리가 신앙생활을 할 때는, 마치 내가 열심히 하지 않으면 구원을 잃어버릴 듯이 그렇게 치열하게 살아야 합니다. 그러나 마지막 날 하나님 앞에 설 때는 오직 믿음으로 그리스도의 완전한 의를 내세우는 우리가 되어야 합니다. 또한 우리가 봉사하고 섬길 때는, 마치 봉사하지 않고 섬기지 않으면 구원을 잃어버릴 듯이 최선을 다해 봉사하고 섬겨야 합니다. 그러나 마지막 날 하나님 앞에 설 때는 오직 주님의 십자가를 앞세우는 우리가 되어야 합니다.

왜 그렇습니까? 우리가 무슨 일을 하든지, 우리가 무슨 큰 업적을 남기든지, 우리 죄를 동이 서에서 먼 것같이 멀리 던져 버리시고 우리를 의롭다고 인정해 주시기 위해 모든 율법을 다 순종하시고 십자가에서 돌아가신 예수 그리스도의 공로가 우리의 업적보다 훨씬 더 크기 때문입니다. 아니, 가히 우리의 알량한 봉사와 성취와 업적을 그리스도와 그분의 십자가와 결코 비교할 수 없기 때문입니다. 그래서 진실한 신자는 믿음으로 행한 봉사가 공로로 둔갑되지 않도록, 자신을 내세우고 뻐기는 업적이 되지 않도록 늘 조심해야 합니다.

그렇기에 베드로는 "각각 은사를 받은 대로 하나님의 여러 가지 은혜를 맡은 선한 청지기같이 서로 봉사하라"(벧전 4:10)고 말하면서 "만일 누가 말하려면 하나님의 말씀을 하는 것 같이 하고 누가 봉사하려면 하나님이 공급하시는 힘으로 하는 것같이 하라"(벧전 4:11)고 합니다. 그 이유는 이런 봉사를 통해 예수 그리스도로 말미암아 오직 하나님만 영광을 받으시게 하려 했기 때문입니다.

바울은 로마서 1장 17절에서 하박국 선지자의 말을 인용하여 "복음에는 하나님의 의가 나타나서 믿음으로 믿음에 이르게 하나니 기록된 바 오직 의인은 믿음으로 말미암아 살리라"고 선언한 바 있습니다. 의인이라면 믿음을 내세워야 합니다. 그리고 그 믿음은 오직 믿음의 창시자시요, 그 믿음을 온전하게 하시는 이인 예수를 바라보는 믿음이어야 합니다.

우리의 연약한 믿음도 강하게 하시어 마침내 온전하고 완전하게 만들어 주시는 주 예수 그리스도를 바라보는 성도들이 되기를 소원합니다.

우리 앞의 경주를 인내하며 달려가는 믿음

셋째, 오직 믿음은 우리 앞에 당한 경주를 인내하며 달려가는 믿음입니다(1절). 이제 우리는 오직 믿음과 관련해서 제외할 수 없는 믿음의 특징을 살펴보려고 합니다. 참된 믿음은 오직 예수 그리스도의 존재와 인격과 그분이 행하신 놀라운 구속 사역을 바라보는 것이라고 했습니다.

예수님의 인격과 사역 면에서 본 그리스도의 존재에 대해 생각할 때마다 오래전 어느 성도와 함께 나누었던 대화가 떠오릅니다. 그분은 이렇게 말했습니다. "목사님, 저는 다 늙었고 이제 은퇴가 얼마 남지 않았습니다. 교회에 별로 도움이 못 되어서 죄송합니다." 저는 그분에게 이렇게 말했습니다. "집사님의 존재만으로도 저는 감사하고 기쁩니다. 집사님이 하나님께 예배를 드리고 하나님의 말씀인 설교를 들으시는 것만으로도 감사합니다." 참으로 그렇습니다. 그분은 존재만으로도 저에게 기쁨을 주는 사람입니다. 설교를 들어 주는 성도가 있다는 것만큼 설교자에게 행복한 것이 또 있을까요?

국내 유수한 신학대학원에서 가르치는 한 교수는 공석이나 사석에서 늘 이런 이야기를 했습니다. "목사에게 설교할 강단이 없는 것만큼 슬픈 일도 없습니다." 그분은 평생 신학교에서 목회자들을 양성하는 교수로 지냈고, 그 결과 수많은 사람들로부터 존경을 받았습니다. 하지만 정작 자신은 목사로서 매주 설교할 강단이 없다는 것 자체가 큰 후회로 남았던 것입니다. 참으로 그렇습니다. 성도의 존재 자체가 목사에게는 기쁨입니다.

참으로 예수님이 그러하십니다. 신자는 예수님의 존재만으로 기쁜 사람들입니다. 제2위이신 성자 하나님 그리스도 예수께서 나의 구주가 되시는 것만큼 즐겁고 복된 일이 어디 있겠습니까! 그래서 "예수를 바라본다"는 것은 예수 그리스도의 존재만으로 진정한 만족과 참된 안식을 얻는 것을 말합니다. 구원과 행위에 있어서 오직 그리스도만 의지하는 것을 말합니다.

우리는 예수님을 바라보게 하는 우리 믿음의 특징을 잘 적용해야 합니다. 예를 들어, 갓 결혼한 신혼부부를 생각해 봅시다. 어느 정도 사귄 연인들은 만나고 헤어지는 게 싫어서, 늘 보고 싶어서, 아예 함께 살기 위해 결혼합니다. 그런데 남편이 신혼여행을 다녀와서 출근은 안 하고 아내 얼굴만 바라봅니다. '나를 너무 좋아해서 그런가 보다'라고 생각하며 넘어가지만, 다음 날도 또 그 다음 날도 출근을 안 합니다. 일주일이 지나고 한 달이 지나면 어떻겠습니까? 이 사람이 정신 나갔다고 생각하지 않겠습니까?

참된 믿음이란 앞서 말씀드린 대로 오직 예수님만 바라보는 것입니다. 그런데 신자인 남편이 예수님만 바라보고 출근을 안 합니다. 신자인 아내가 예수님만 바라보고 식탁을 준비하지 않습니다. 신자인 학생이 예수님만 바라보고 공부를 하지 않습니다. 신자들이 예수님을 바라보면서 주일을 범하고 예배를 경시합니다. 신자들이 예수님을 바라보면서 거짓말을 하고 사기를 칩니다. 이런 것은 진정한 믿음 또는 참된 믿음이 아니지 않습니까? 나에게 참된 믿음이 있다면, 그 믿음은 내가 사랑하는 주님께 진실되며, 주님을 위해 열심히 일하는 믿음이 아니겠습니까? 그래서 바울은 우리 믿음은 사랑으로써 역사하는 믿음(갈 5:6), 즉 사랑의 실천을 열매로 이끌어 내는 믿음이라고 말합니다.

믿음은, 주님을 사랑하기 때문에 그분을 위해 기꺼이 고난을 받게 합니다. 고난이나 고통이 있다 해도 우리가 낙심하지 않는 이유는, 우리를 사랑하시는 주님께서 우리가 받는 고난을 통해 영광을 이루실 것이기 때문입니다(고후 4:16-18). 그래서 베드로는 고난받을 때 도리어 기뻐하고 즐거워하라고 권면합니다.

고난이나 고통을 반길 정신 나간 사람이 어디 있겠습니까? 그런데 참된 신자는 그런 정신 나간 사람입니다. 왜냐하면 고

통이나 고난조차도 장차 임할 영광과 족히 비교할 수 없다는 것을 믿음으로 알고 기뻐하며 즐거워하기 때문입니다. 우리 믿음의 수준이 이 정도까지 가야 하지 않겠습니까? 우리가 진정으로 예수님을 바라보고, 그분 안에서 안식하며, 그분과 사귐을 누리고, 그분을 신뢰하는 것이 구원입니다. 이것이 우리의 삶을 완전히 바꾸어 놓습니다.

그런데 이 순서가 뒤바뀌어서는 안 됩니다. 언제나 그리스도를 믿는 믿음이 먼저입니다. 그 다음에 행함이 따라옵니다. 우리의 행함이 믿음을 낳는 것이 아니라 하나님이 선물로 주신 믿음이 우리의 행함을 생산하는 것입니다. 그리스도 예수의 존재와 인격과 그분이 나를 위해 행하신 놀라운 역사 안에서 만족하며 안식할 때, 그 믿음은 나로 하여금 나가서 놀라울 정도로 열심히 땀 흘려 일하게 만들고, 놀라울 정도로 열심히 공부하게 만듭니다. 이것이 바로 믿음이 하는 일입니다.

따라서 믿음은 일합니다. 믿음은 죽은 것이 아닙니다. 믿음은 생명입니다. 믿음은 환란과 핍박과 고난과 고통과 절망 속에서도 우리를 살게 하는 강력한 힘입니다. 이 믿음 때문에 우리가 인내하며, 우리에게 당한 신앙의 경주를 달려 나가는 것입니다. 아벨이 그랬고, 에녹이 그랬고, 노아가 그랬고, 아브라함이 그랬고, 이삭이 그랬고, 야곱이 그랬고, 모세가 그랬습니다. 그들은 광야에 있었고, 산중에 있었으며, 동굴과 땅굴에서 살았습니다. 그들은 궁핍했고, 환란과 학대를 겪었으며, 심지어 죽기까지 했습니다. 하지만 그런 것을 다 견디고 인내하며 끝까지 믿음을 지켰습니다.

오늘날 우리에게 믿음이란 무엇일까요? 예수 그리스도를 믿기 때문에 신자는 교회를 사랑하는 것입니다. 오늘날 교회가 아무리 누더기 옷을 입으며 세상에서 비난과 조롱을 당해도 신자는 교회를 사랑합니다. 왜냐하면 하나님께서 그리스도의 피 값으로 세우신 하나님의 나라이기 때문입니다. 예수 그리스도 안에서 우리의 시민권이 하늘에 있음을 알기에 신자는 하나님의 거룩하신 나라를 사모합니다.

믿음은 적극적으로 활동합니다. 믿기 때문에 달려 나갑니다. 자녀들은 부모를 믿기 때문에 부모의 품속으로 달려듭니다. 참된 자녀는 참된 아버지를 믿기 때문에 인내하며 경주를 달려갑니다. 예수님은, 우리에게 임할 구원과 천국의 즐거움을 위하여 십자가를 참으셨고 부끄러움을 견디셨습니다. 그것이 그분의 경주였습니다.

여러분 앞에 당한 믿음의 경주는 무엇입니까? 그 신앙의 경주를 잘 달려가고, 끝까지 달려가며, 마침내 승리하기를 소원합니다.

사랑하는 여러분, 이제 말씀을 맺겠습니다. 사도 요한은 "보라! 세상 죄를 지고 가는 하나님의 어린 양이로다"라고 외칩니다(요 1:29). 우리는 세상 죄를 지고 가는 하나님의 어린 양을 바라봐야 합니다. 끊임없이 하나님의 어린 양을 바라봐야 합니다. 하나님의 어린 양이신 그리스도 예수를 평생 바라봐야 합니다. 우리가 진실로 세상 죄를 지고 가는 하나님의 어린 양을 보았다면, 우리가 진실로 나의 죄를 지고 가는 하나님의 어린 양을 보았다면, 우리는 참으로 바울처럼 살아도 주를 위해 살고 죽어도 주를 위해 죽을 것입니다.

신앙의 경주를 하다 보면, 피곤하고 지쳐서 멈추고 싶을 때가 있습니다. 그때 사탄이 우리 귀에 대고 이렇게 속삭입니다. "그만하면 됐다. 이제 그만하자." 계속해서 멈추고 싶게 유혹합니다. 그때가 바로 더욱 달려야 할 때입니다. 주님께서 값을 주고 우리를 구속하셨기 때문입니다(고전 6:19-20). 우리는 사나 죽으나 주님의 것이기 때문입니다(롬 14:8). 진정 눈을 들어 우리 믿음의 주요 또 온전하게 하시는 이인 예수를 바라보는 복된 하나님의 백성이 되기를 축원합니다.

여러분은 성자 같았던 존 브래드포드를 기억할 것입니다. 그는 메리 여왕 시대의 순교자 가운데 한 사람으로서, 400여 년 전에 스미스필드 시장터에서 사형당했습니다. 여러분은 그가 친구와 함께 걸어가면서, 어떤 죄를 범하여 사형에 처해지던 한 가련한 사람을 보고 한 말을 기억할 것입니다. 성자 같은 존 브래드포드는 그를 보고 이렇게 말했습니다. "하나님의 은혜가 아니었다면, 저 자리에 내가 있었을 것이다!" 바로 이것이 모든 그리스도인의 심정이 되어야 합니다. 우리가 우리 된 것은 모두 다 하나님의 은혜입니다. 그것은 우리의 선함이나 우리의 삶이나 우리 안에 있는 어떤 것 때문이 아닙니다. 그것은 모두 영원하고도 측량할 수 없는 하나님의 사랑에서 나오는 것입니다.

로이드 존스, *The Gospel of God*(로마서 강해 7), p. 167

하나님께서 사람에게 선을 행하실 뜻을 갖도록 할 만한 것이 사람에게 아무것도 없는데, 하나님께서 먼저 그의 값없는 자비하심으로 사람에게 나아오신다는 사실을 성경 도처에서 선포하고 있는 것이다. 죽어 있는 사람이 생명을 얻기 위해서 과연 무엇을 할 수 있겠는가?

칼빈, 『기독교 강요』, 3.14.5.

2. 오직 은혜
Sola Gratia

^{04}긍휼이 풍성하신 하나님이 우리를 사랑하신 그 큰 사랑을 인하여 ^{05}허물로 죽은 우리를 그리스도와 함께 살리셨고 (너희는 은혜로 구원을 받은 것이라) ^{06}또 함께 일으키사 그리스도 예수 안에서 함께 하늘에 앉히시니 ^{07}이는 그리스도 예수 안에서 우리에게 자비하심으로써 그 은혜의 지극히 풍성함을 오는 여러 세대에 나타내려 하심이라 ^{08}너희는 그 은혜에 의하여 믿음으로 말미암아 구원을 받았으니 이것은 너희에게서 난 것이 아니요 하나님의 선물이라 ^{09}행위에서 난 것이 아니니 이는 누구든지 자랑하지 못하게 함이라 ^{10}우리는 그가 만드신 바라 그리스도 예수 안에서 선한 일을 위하여 지으심을 받은 자니 이 일은 하나님이 전에 예비하사 우리로 그 가운데서 행하게 하려 하심이니라. 에베소서 2:4-10

1779년 아메리카 대륙의 흑인노예 상인이었다가 회심하여 설교자로 변한 존 뉴턴이 지은 불후의 찬송이 있습니다.

나 같은 죄인 살리신 주 은혜 놀라워

잃었던 생명 찾았고 광명을 얻었네.

바로 새찬송가 305장입니다. 이것을 직역해 보면 다음과 같습니다.

놀라운 그 은혜, 죄인 괴수와 같은 나를 구원하시니 이 얼마나 달콤한가?

나는 한때 잃어버린 바 되었지만 다시 찾은 바 되었고, 눈이 멀었었지만 이제는 본다네.

은혜와 관련하여 이 찬송보다 더 유명한 찬송은 없을 것입니다. 우리는 은혜에 대한 찬송을 은혜롭게 부르고 있지만, 과연 하나님의 은혜의 깊이와 넓이와 높이가 어떠한지를 깊이 묵상하고 감사하고 있는지요? 제임스 몽고메리 보이스 목사는 저서 『개혁주의 서론』(Whatever Happened to the Gospel of Grace?)에서 이렇게 말합니다.

오늘날 복음주의자들은 중세 시대의 교회가 이 본질적인 성경의 교리를 부인한 것처럼 부인하지는 않습니다. 복음주의자들은 이단이 되기를 원치 않습니다. 하지만 문제는 우리가 하나님의 은혜를 이론적으로 믿고 확증하지만 실제로는 그것을 소홀히 여김으로 도리어 거절한다는 점입니다. 우리는 은혜가 중요하다고 생각하지 않는 것 같습니다.

우리가 말로는 은혜, 은혜 하면서 실제로는 참으로 은혜가 은혜 되지 못하게 행동하는 경우가 많습니다. 또한 말로는 은혜, 은혜 하면서 우리만큼 은혜를 오해하고 왜곡하는 사람들도 없을 것입니다. 목양을 하고, 설교를 하며, 교육을 하고, 많은 사람들을 상담하면서 발견하는 불편한 진실 가운데 하나가 바로 이것입니다. 각 사람들이 은혜에 대한 자기만의 독특한 관점을 소유하고 있으며, 그것이 절대적으로 옳다고 생각한다는 것입니다. 하지만 실상 그것은 자신이 만들어 낸 은혜에 대한 관점이요 성경적이지 않을 때가 많습니다. 따라서 우리는 언제나 성경으로 되돌아가 은혜의 성경적 관점을 돌아보아야 합니다.

우리는 종교개혁의 다섯 가지 표제를 계속해서 생각해 보고 있습니다. 오늘은 에베소서 말씀을 통해 오직 은혜를 묵상하며 함께 은혜 나누기를 소원합니다.

하나님의 선수적이며 선택적 사랑

첫째, 하나님의 선수적이며 선택적 사랑이 오직 은혜입니다 (4-6절). 본문에서 바울은 '하나님의 긍휼이 풍성하시다'고 말합니다. 하나님이 우리를 사랑하신 이유는 우리를 불쌍히 여기셨기 때문입니다. 우리를 불쌍히 여기신 하나님은 우리를 그리스도와 함께 살리셨고 또 함께 일으키사 그리스도 예수 안에서 함께 하늘에 앉히셨습니다. 바울은 7절에서 이 사랑은 그리스도 예수를 통해 우리에게 자비를 베푸시는 사랑이라고 말합니다.

왜 우리에게 먼저 자비를 베푸시는 사랑이 필요했습니까? 1-3절을 보면 바울의 의도는 명확합니다. 우리가 '허물과 죄'로 죽었고 본질상 진노의 자녀였기 때문입니다. 우리는 하나님을 대적하고 불순종하는 죄 가운데 죽었습니다. 범죄함으로 죄인이 되고 말았습니다. 이런 우리에게 임할 것은 오직 하나님의 저주와 진노와 심판뿐입니다. 모든 인류가 이 처참한 운명 속에 빠졌습니다. 하나님이 살려 주시지 않으면 우리는 죽은 상태에서 계속하여 영원히 죽을 수밖에 없는 운명에 빠지게 됩니다.

"목사님, '오직 은혜'에 대해 이야기하면서 왜 죄에 대해 말씀합니까?"라고 묻고 싶은 분이 있습니까? 만일 여러분이 죄가 무엇이며, 내가 왜 죄인인지를 모르며, 죄인으로서 자신의 상태가 얼마나 비참하고 절망적인지를 모른다면, 결코 '오직 은혜'가 주는 완전한 기쁨을 깨닫지 못할 것이기 때문입니다.

죄가 무엇입니까? 우리는 죄를 생각할 때 일반적으로 나쁜 행동, 나쁜 짓 또는 도덕적으로나 윤리적으로 저촉되고 비난받을 만한 행위를 떠올립니다. 하지만 죄는 하나님의 뜻에 대한 반역입니다. 죄는 우리 본성의 부패함입니다. 따라서 부패한 마음을 품어 하나님의 뜻을 반역한 죄인은 결코 하나님의 뜻에 도달하지 못합니다. 이로 볼 때, 죄는 그저 도덕적으로나 윤리적으로 나쁜 생각이나 말이나 행동이 아닙니다. 성경적으로 정의할 때 죄는 하나님에 대한 불신입니다. 하나님을 마땅히 믿지 않고 경배하지 않는 것이 가장 큰 죄입니다. 하나님을 불신하는 사람은 자신의 죄를 스스로 해결하지 못합니다. 그는 하나님을 신뢰하지 않으며 의지하지 않습니다.

제임스 몽고메리 보이스 목사는 '오직 은혜'를 강론하면서 하나님께 죄를 짓는 것은 마치 루비콘 강을 건너는 것과 같다고 비유한 바 있습니다. 루비콘 강은 기원전 49년경 로마 제국의 율리우스 카이사르가 정적 폼페이우스를 제거하기 위해 건넌 강입니다. 로마의 원로원은 루비콘 강에서는 무장하면 안 된다는 법을 만들었습니다. 그런데 카이사르는 이 법을 어기고 무장한 채 로마로 진격하여 폼페이우스를 제거합니다. 이때 그가 한 유명한 말이 "주사위는 던져졌다"입니다. 돌이킬 수 없다는 것이지요. 즉 전쟁을 하자는 말입니다. 말하자면, 죄인은 루비콘 강을 건넌 것입니다. 무장한 채로 루비콘 강을 건넌다면 돌이킬 수 없는 엄청난 결과를 초래하게 됩니다. 거룩하신 하나님은 죄인의 죄를 결코 참아 보지 못하십니다. 죄를 그냥 무시하고 넘어가실 수 없습니다.

그러면 죄의 결과는 무엇입니까? 그것은 육체적 죽음이며 영적 죽음입니다. 죄책으로 말미암아 죄인으로 선고되었고, 오염으로 말미암아 지성과 정서와 의지와 전 인격이 죄로 물들었습니다. 그 결과로 죄인된 사람은 죽었으며, 죽어 가고 있으며, 죽을 것이라는 것입니다. 이것이 바로 성경이 정의하는 죽음입니다. 따라서 허물과 죄로 말미암아 죽어 버린 죄인, 즉 자연인은 하나님을 찾지도 않고 찾을 수도 없으며, 하나님을 이해할 수도 없고, 하나님을 혐오하며 미워합니다. 이것이 죄가 하는 일입니다.

로마서 3장에 따르면, 헬라인도 유대인도 다 죄 아래 있고 의인은 하나도 없으며, 깨닫는 자도 하나님을 찾는 자도 선을 행하는 자도 없습니다. 설상가상으로 시편 53편 1절에서 시인은 "어리석은 자는 그의 마음에 이르기를 하나님이 없다 하도다"라고 말합니다. 바울은 또다시 로마서 1장 28절에서 죄인들이 "마음에 하나님 두기를 싫어하매"라고 말합니다. 하나님이 우리를 다시 살려 주지 않으시면, 우리는 죄의 참혹한 상태에서 헤어 나올 방법이 없습니다.

그런데 놀라운 사실은, 바울이 "하나님이 우리를 사랑하신 그 큰 사랑을 인하여 허물로 죽은 우리를 그리스도와 함께 살리셨다"고 선포한다는 것입니다. 무엇이 은혜입니까? 하나님이 죽어 버린 나를 찾아오셔서 그리스도 예수 안에서 만나 주시고 사랑해 주신 것이 은혜입니다. 우리는 요단 강을 건너기 전까지는 끝난 것이 아닙니다. 요단 강을 건너기 전에 돌아와 하나님의 사랑을 받아들이고 주 예수 그리스도를 진심으로 영접하면 긍휼이 풍성하신 하나님께서 우리를 받아 주실 것입니다. 그러니 루비콘 강을 건넜다고 낙심할 필요가 없습니다. 요단 강을 건너기 전에 돌아오십시오. 그것이 바로 죄인이 사는 유일한 길입니다.

긍휼이 풍성하시고 놀라운 자비하심으로 우리를 먼저 사랑해 주신 하나님의 사랑의 은혜에 늘 감사하는 성도들이 되기를 기원합니다.

믿음으로 말미암아 구원을 얻은 것

둘째, 믿음으로 말미암아 구원을 얻은 것이 오직 은혜입니다(7-8절). 에베소서는 한 분 하나님의 사랑이 우리에게 어떻게 나타났는지를 삼위일체적으로 가장 극적이고 극명하게 선포해 주는 말씀입니다.

바울은 에베소서 1장 3-4절에서 하나님께서 창세전에 그리스도 예수 안에서 우리를 택하시고 구원하기로 예정하셨다고 말합니다. 말하자면, 우리가 받은 구원은 하나님께서 선택하신 결과입니다. 어떤 이들은 이렇게 말합니다. "하나님이 우리는 택하시고 다른 사람은 택하시지 않은 것은 불공평한 것이 아닙니까? 하나님이 정의롭지 못하신 것 아닙니까?" 오! 우리는 이런 불경스러운 말을 해서는 안 됩니다.

기억하십시오. 우리의 공평함이 하나님의 표준이 되어야 한다면, 과연 허물과 죄로 죽은 우리를 하나님께서 선택하신 것이야말로 불공평한 것이 아니고 무엇이란 말입니까? 하나님은 우리를 선택하실 의무가 없으신 만큼이나 다른 이들을 선택하실 의무도 없습니다. 모든 인류는 허물과 죄로 죽었습니다. 그러므로 우리가 하나님의 선택의 수효 속에 포함된 것은 오직 하나님의 은혜 때문입니다. 그러므로 우리는 다음과 같이 질문을 바꾸어야 합니다. "하나님, 왜 저를 선택하시고 저에게 은혜를 베푸신 것입니까?"

이어서 바울은 7절에서 우리는 그리스도 안에서 그의 은혜의 풍성함을 따라 그의 피로 말미암아 속량 곧 죄 사함을 받았다고 말합니다. 하나님은 우리를 선택하셨을 뿐 아니라 그리스도 예수 안에서 그의 피를 통해 선택하셨습니다. 그리스도 예수의 보혈은 우리가 있어야 할 그 자리에서 우리 대신 피를 흘리심으로 우리를 값 주고 사신 속전(ransom, 대가로 지불하는)의 보혈입니다. 따라서 속량이나 속죄는 상업적인 용어입니다. 나를 살리시기 위해 예수께서 자신의 생명을 내놓으신 것입니다. 바로 이것이 '오직 은혜'입니다.

마지막으로, 바울은 13절에서 에베소 교인들이 구원의 복음을 듣고 그리스도를 믿음으로 약속의 성령으로 인치심을 받았다고 말합니다. 하나님의 선택하심과 그리스도의 구속하심을 성령께서 우리 마음에 적용하시기 위해 특별히 역사하심을 분명히 밝히고 있습니다. 여기에서 "진리의 말씀 곧 너희의 구원의 복음을 듣고 그 안에서 또한 믿어 약속의 성령으로 인치심을 받았으니"라는 말에 주의하십시오. "듣고 믿어 인치심을 받았다!" 바로 이것이 우리가 교회를 통해 구원의 복음을 듣고 믿을 때 성령께서 하시는 일입니다. 그 결과 우리는 구원을 받았습니다. 하나님의 말씀인 성경이 바로 이것이 우리에게 은혜라고 말합니다. 그렇다면 이것이 왜 은혜입니까? 내가 듣고 내가 이해하고 내가 믿고 내가 구원을 받았는데 이것이 왜 은혜입니까?

우리가 살펴보고 있던 2장 8절 말씀을 다시 보겠습니다. 바울은 "너희는 그 은혜에 의하여 믿음으로 말미암아 구원을 받았으니 이것은 너희에게서 난 것이 아니요 하나님의 선물이라"고 분명히 말합니다. 내가 믿게 된 것, 허물과 죄로 죽었던 나의 마음에 믿음이 생긴 것, 그것이 바로 은혜라는 말입니다. 전에는 교회나 성경과 담쌓고 살았는데, 전에는 예배를 드리거나 말씀을 들어도 나와 상관없는 것이라 생각했는데, 이제는 말씀이 귀에 들어오고 믿고 싶어집니다. 더 믿고 싶고 더 알고 싶고 감사가 넘치게 된 것이 바로 은혜입니다.

우리가 그리스도를 영접하고, 그리스도를 환영하며, 그의 공로와 의를 내 것으로 소유하고, 그리스도를 사랑하여 그를 따르며, 살아도 그리스도를 위해 살고 죽어도 그리스도를 위해 죽는 것이 바로 하나님의 은혜라는 말입니다. 그래서 이것이 선물입니다.

진정한 의미에서 선물이란 노동의 대가가 아닙니다. 그래서 선물은 공로가 될 수 없습니다. 믿음이 선물이라 할 때, 그것은 문자 그대로 선물입니다. 우리는 죄와 허물로 죽었기 때문에 그리스도를 영접하지 않고 더더욱 환영하지도 않습니다. 그리스도를 영접하지도 환영하지도 않는 사람이 어떻게 그분을 소유하고 그분을 따르며 그분을 위해 살거나 죽을 수 있겠습니까? 하나님께서 주시는 선물로서의 믿음이 아니라면 이 일을 가능하게 하는 것이 과연 무엇이겠습니까?

우리는 어떻게 믿음으로 말미암아 구원을 얻게 되었습니까? 내가 죄인이며, 내 죄를 대속하여 주실 구주 메시아를 하나님께서 보내 주실 것이라는 사실을 어떻게 알게 되었습니까? 바로 성경이라는 계시를 통해서입니다. 에베소서 1장 13절이 말하듯, 진리의 말씀 곧 구원의 복음을 들었기 때문입니다. 진리의 말씀 곧 구원의 복음이 무엇입니까? 성경책에 기록된 하나님의 말씀입니다. 바울은 로마서 1장에서 하나님을 알 만한 것이 우리 속에도 보이고 자연 만물에도 보인다고 말합니다(19-20절). 시편 기자도 이렇게 말합니다. "하늘이 하나님의 영광을 선포하고 궁창이 그의 손으로 하신 일을 나타내는도다"(시 19:1).

그런데 죄 때문에 사람들이 하나님을 알되 하나님께 영광을 돌리지도 않고 도리어 어리석게 되었습니다. 하나님은 우리에게 구약의 선지자들과 신약의 사도들을 통해 구원의 복음의 말씀인 성경을 계시해 주셨고, 오늘날 교회의 설교자들과 전도자들을 통해 그 구원의 말씀을 전하게 하셨습니다. 이 구원의 말씀을 듣고 믿어 약속의 성령의 인치심을 받게 된 것 자체가 오직 은혜입니다. 여러분이 말씀을 듣고 믿음이 생겼다면, 그래서 그리스도 예수를 여러분의 주님과 구주로 모시고 살게 되었다면, 바로 그것이 창세전에 하나님이 예비하신 오직 은혜의 놀라운 결과입니다.

그리스도 안에서 선한 일을 행하게 하신 것

셋째, 그리스도 안에서 선한 일을 행하게 하신 것이 오직 은혜입니다(9-10절). 우리는 에베소서 2장을 살펴보고 있습니다. 1-3절은 타락한 죄인의 상태를 묘사하고, 4-6절은 그리스도 예수 안에 있는 하나님의 선택적 사랑으로서의 은혜를 설명하며, 7-8절은 그 사랑의 은혜를 받는 방법을 묘사하고 있습니다. 이제 9-10절은 그 은혜의 결과, 즉 은혜가 낳는 열매로서의 목적 또는 목표에 대한 말씀입니다. 이 본문 말씀에는 구원의 이유와 조건, 방법과 결과가 모두 설명되어 있습니다.

구원의 목적은 무엇입니까? 그것은 선한 일을 위한 것입니다(10절). 여기서 '선한 일', 즉 '에르고이스 아가도이스'(ergois agadois)는 무엇입니까? 착한 행실, 선한 행위를 뜻합니다. 오직 은혜를 베푸신 것은 하나님이 전에 예비하사 우리로 하여금 선한 행위를 하도록 하시기 위함입니다. 이것이 바로 선택의 은혜, 사랑의 은혜, 믿음의 은혜, 구원의 은혜를 베푸신 목적입니다. 10절 마지막 부분에 나오는 "행하게 하려 하심이니라"는 구절은 매우 약한 번역입니다. 이에 해당하는 헬라어 '페리파테소멘'(peripatesomen)은 조동사로서 '반드시 행하도록 하기 위해서'라는 뜻을 지닙니다. 말하자면, 은혜받은 자는 반드시 선한 일을 행한다는 말입니다. 그것이 하나님께서 정하신 뜻입니다.

바울은 로마서 6장 4절에서 이렇게 말합니다. "그러므로 우리가 그의 죽으심과 합하여 세례를 받음으로 그와 함께 장사되었나니 이는 아버지의 영광으로 말미암아 그리스도를 죽은 자 가운데서 살리심과 같이 우리로 또한 새 생명 가운데서 행하게 하려 함이라." 여기서도 동일한 단어가 사용됩니다. "새 생명 가운데서 행하게 하려 함이라." 새 생명을 받았다면, 즉 은혜를 입었다면, 그는 반드시 선한 행위를 하게 되어 있습니다. 좋은 나무가 좋은 열매를 맺는 것과 마찬가지입니다(마 7:17-18).

그러므로 또다시 반복하여 말하지만, 이 순서를 바꾸면 안 됩니다. 선한 일이 은혜를 낳지 않고, 도리어 은혜가 선한 일을 낳습니다. 나의 봉사가 은혜를 낳는 것이 아니라 내게 베푸신 은혜가 봉사와 섬김을 낳는 것입니다. 그래야 그 섬김과 봉사가 은혜롭게 됩니다. 그렇지 않으면 헛되이 자랑하게 됩니다.

바울은 이런 선한 일을 위하여 우리가 그리스도 안에서 지으심을 받았다고 말합니다. 에베소서에서 '그리스도 안에서'(in Christ)를 얼마나 많이 강조하고 있습니까? 이와 동시에 바울은 우리가 반드시 행해야 한다고 말합니다. 이것은 행함을 말합니다. 그러나 그것조차도 은혜입니다. 왜냐하면 이것은 전에 하나님이 예비하신 일이기 때문입니다. 내가 무언가를 행할 수 있다면, 그것은 하나님의 은혜입니다. 나의 행함은 은혜에서 나온 것입니다.

이런 의미에서 행함이나 거룩이나 성화는 독립적이지 않습니다. 그것은 파생적입니다. 하나님의 은혜를 통해 믿음으로 말미암은 것입니다. 그러므로 내게 겸손한 행함이 없다면 과연 내게 믿음이 있는지 돌아보고, 믿음이 없다면 은혜가 있는지 돌아보아야 합니다.

2장 9절을 보면, 행함은 결코 자랑할 수 없는 것입니다. "행위에서 난 것이 아니니 이는 누구든지 자랑하지 못하게 함이라." 여기에서 '자랑한다'는 것은 무엇을 뜻할까요? 신자는 자랑하면 안 된다는 것입니까? 결코 아닙니다. 신자는 자랑해야 합니다. 하나님의 선수적 사랑을 자랑해야 합니다. 선택적 사랑을 자랑해야 합니다. 죽을 수밖에 없었고, 죽었으며, 죽어가는 나를 "그 은혜에 의하여 믿음으로 말미암아 구원"해 주신(엡 2:8) 하나님의 놀라운 은혜를 자랑해야 합니다. 9절에 나오는 '자랑'은 '오만한 허풍'을 뜻합니다. 거만하고 교만하며 오만하게 자신을 내세우는 것을 뜻합니다. 야고보 사도는 이런 자랑을 '허탄한 자랑'이라 불렀습니다(약 4:16).

바울은 로마서 3장에서 사람이 의롭게 되는 법에 대해 말하면서 이렇게 선언합니다. "그런즉 자랑할 데가 어디냐 있을 수가 없느니라 무슨 법으로냐 행위로냐 아니라 오직 믿음의 법으로니라"(27절). 그는 고린도교회에 보낸 편지에서도 동일하게 말합니다. "너희는 하나님으로부터 나서 그리스도 예수 안에 있고 예수는 하나님으로부터 나와서 우리에게 지혜와 의로움과 거룩함과 구원함이 되셨으니 기록된 바 자랑하는 자는 주 안에서 자랑하라 함과 같게 하려 함이라"(고전 1:30-31).

말하자면, 나의 구원, 나의 구속, 나의 칭의, 나의 거룩, 나의 성화, 나의 경건, 나의 봉사 등 나의 모든 것을 하나님이 하셨고, 하고 계시며, 하실 것이라는 고백입니다. 이 모든 것을 하나님이 하셨다면, 즉 내가 하는 모든 일이 하나님의 은혜의 결과라면 과연 나는 무엇을 자랑해야 할까요? 나를 그렇게 만들어 주신 근원이요 원천인 오직 하나님의 은혜만을 자랑해야 할 것입니다. 우리가 잘 아는 복음성가의 가사처럼, 우리는 은혜 아니면 서지 못합니다. 우리가 숨 쉬며 살아가는 호흡마저도 다 주의 것입니다. 그렇기에 세상의 평안과 위로가 없어도 오직 예수님 한 분만으로 만족하는 것, 그것이 바로 은혜입니다.

사랑하는 여러분, 이제 말씀을 맺겠습니다. 미국의 저명한 주석가 윌리엄 헨드릭슨은 이 마지막 구절을 주석하면서 이렇게 말합니다.

> 우리의 선한 행실이 비록 신적으로 전에 예비된 일이지만 그것은 동시에 인간의 책임이기도 하다. 이 둘은 결코 분리되어서는 안 된다. 만일 구원을 화려하고 풍성한 나무로 비유하자면, 선한 행실은 그 나무의 뿌리나 줄기가 아니라 열매로 묘사될 것이다.*

---

* William Hendrikson, *New Testament Commentary: Galatians & Ephesians*, pp. 124-135.

요한복음 15장에서 우리 주님은 자신을 가리켜 "나는 참포도나무요 내 아버지는 농부라 무릇 내게 붙어 있어 열매를 맺지 아니하는 가지는 아버지께서 그것을 제거해 버리시고"라고 말씀하십니다(1-2절). 그리고 곧이어 "내 안에 거하라 나도 너희 안에 거하리라 가지가 포도나무에 붙어 있지 아니하면 스스로 열매를 맺을 수 없음 같이 너희도 내 안에 있지 아니하면 그러하리라"고 말씀하십니다(4절).

또다시 반복하지만, 이 말씀은 우리가 열매를 맺는다면, 가지가 포도나무에 붙어 있는 것같이 우리가 그리스도 안에 있기 때문이라는 뜻입니다. 우리가 그리스도 예수 안에 있다면, 우리의 노력이 아니라 그리스도 안에 있는 하나님의 은혜가 반드시 열매를 맺게 하실 것입니다. 왜냐하면 "너희 안에서 착한 일을 시작하신 이가 그리스도 예수의 날까지 이루실 줄을 우리는 확신"하기(빌 1:6) 때문입니다.

오직 하나님의 선택적 사랑과, 믿음으로 말미암는 구원의 선물과, 그리스도 안에서 성령의 역사하심으로 선한 일을 행하게 하신 성삼위 하나님의 놀라운 은혜를 통해 오직 하나님께만 영광을 돌리는 성도들이 되기를 축원합니다.

여러분은 신약성경에서 이 보혈을 제거할 수 없습니다. 이것은 중추적인 요소입니다. 그리스도의 보혈이 없이는 구원도 없습니다. 하나님의 율법이 요구하는 죄의 형벌은 사망입니다. 그래서 우리 주님께서 그와 같은 요구에 정면으로 맞서기 위해 오신 것입니다. 그리스도께서 '세상의 구주'가 되시기 이전에, 율법이 하나님 앞에서 범죄한 죄인에게 부과하는 요구를 만족시켜야 했습니다. 중심 메시지는 그리스도께서 십자가에 달리셨다는 것입니다. 그분은 예루살렘을 향하여 올라가셨습니다. 그분은 십자가의 죽음을 피하실 수 없었습니다. 그분은 제자들에게 사실상 이렇게 말씀하시는 것입니다. "내가 열두 군단이 더 되는 천사를 불러올 수 있음을 알지 못하느냐? 하지만 그렇게 하면 어떻게 의를 이룰 수 있겠느냐? 나는 율법의 요구를 만족시켜야 하느니라"(마 26:53-54 참조). 그리스도께서는 자신을 제물과 희생제사로 드리셨습니다. 그리스도께서는 순종하심으로 십자가에서 돌아가셨고, 하나님께서는 그에게 인간의 죄에 대한 자신의 진노를 쏟아부으셨습니다. 그분은 완전하고 점 없고 죄 없는 순종의 삶으로서뿐만 아니라 속죄적 죽음으로서 우리의 구주가 되십니다.

로이드 존스, *The Love of God*(요한일서 강해 4), pp. 137-138

그러므로 그리스도께서 우리를 자기와 연합시키실 때에야 비로소 우리가 하나님과 충만하고도 견고하게 연합할 수 있다. 그러므로 하나님께서 우리를 기뻐하시고 우리에게 자비를 베푸신다는 것을 확신한다면, 우리의 눈과 마음을 오직 그리스도께 고정시켜야 할 것이다. 사실상, 우리의 죄가 우리에게 전가되는 것이나 그로 인하여 하나님의 진노가 우리에게 전가되는 것을 피하는 길은 오직 그리스도를 통하는 것밖에는 없다.

칼빈, 『기독교 강요』, 2.16.3.

3. 오직 그리스도
Solus Christus

[05]하나님은 한 분이시요 또 하나님과 사람 사이에 중보자도 한 분이시니 곧 사람이신 그리스도 예수라 [06]그가 모든 사람을 위하여 자기를 대속물로 주셨으니 기약이 이르러 주신 증거니라 [07]이를 위하여 내가 전파하는 자와 사도로 세움을 입은 것은 참말이요 거짓말이 아니니 믿음과 진리 안에서 내가 이방인의 스승이 되었노라. 디모데전서 2:5-7

오늘날 우리는 전대미문의 관용의 시대를 살고 있습니다. 관용과 포용과 수용은 이 시대를 지배하는 문화가 되고 말았습니다. 불과 10년 전이나 20년 전에는 결코 수용될 수 없었던 동성애도 오늘날에는 성적 기호의 차이이니 그저 차별하지 말고 수용해야 한다는 목소리가 힘을 얻고 있습니다.

이처럼 우리는 무엇이 옳고 그른지조차 물어서는 안 되는 포스트모던 시대를 살아가고 있습니다. 21세기 후기 현대사회에서는 모든 것이 옳으며 절대 진리는 없기 때문입니다. 나의 주장도 옳고, 너의 주장도 옳고, 우리 모두의 주장이 옳다는 것입니다. 이것을 철학적 용어로 대입하면 다원주의(pluralism)가 됩니다. 진리는 하나가 아니라 여럿이라는 말이지요. 이것을 또다시 종교적 용어로 대입하면 종교다원주의가 됩니다. 말하자면, 절대 종교는 없으며 모든 종교에 구원이 있다는 주장입니다.

이런 시대에 '오직'이란 단어를 사용하는 종교개혁 신학은 매우 거추장스럽고 배타적이며 속이 좁은 것처럼 보입니다. 우리가 세상을 살아가면서 잘 사용하면 안 되는 단어가 몇 가지 있는데 그중 하나가 '절대로'입니다. 이런 부정어는 절대로 사용하면 안 됩니다. 왜냐하면 '절대로'를 지킬 수 있는 사람이 거의 없기 때문입니다. 그리고 또 하나의 단어가 바로 '오직'입니다. 오직이란 단 하나, 유일한 것을 말합니다.

그러나 우리는 이 '오직'이란 단어를 붙일 수 있는 유일한 분을 알고 있습니다. 그분은 바로 주 예수 그리스도이십니다. 기독교는 예수 그리스도의 종교입니다. 그리스도 없는 기독교는 상상할 수 없습니다. 그리스도 없는 교회나 신자는 상상할 수 없습니다. 그리스도 없는 신앙생활이나 인생 자체는 상상할 수 없습니다. 그리스도 없는 세상이나 인간의 삶은 존재 의미가 없습니다. 적어도 예수 그리스도를 믿는 신자라면 말입니다. 도대체 왜 그렇습니까?

우리의 유일한 중보자

첫째, 오직 그리스도만이 우리의 유일한 중보자이시기 때문입니다(5절). 사도행전 4장에서 사도 베드로와 요한은 이렇게 담대히 선포했습니다. "다른 이로써는 구원을 받을 수 없나니 천하 사람 중에 구원을 받을 만한 다른 이름을 우리에게 주신 일이 없음이라"(12절). 우리가 구원을 받을 만한 그 이름이 무엇입니까? 사도들은 "나사렛 예수 그리스도"라고 말합니다(10-11절). 왜 오직 예수 그리스도 안에만 구원이 있습니까? 왜 오직 그리스도의 이름을 믿는 일 외에는 다른 구원이 없습니까? 왜 오직 기독교만 배타적인 구원을 강조합니까? 이 모든 질문에 대한 대답이 바로 '오직 그리스도'(Solus Christus)라는 표제에 함축되어 있는 진술입니다.

왜 기독교회는 오직 예수 그리스도를 믿는 구원만 주장하는 것입니까? 좀 둥글둥글하게 믿고 융통성 있게 살면 안 됩니까? 네, 물론입니다. 우리는 삶을 둥글둥글하고 융통성 있게 살면서 "모든 사람과 더불어 화목"해야(롬 12:18) 합니다. 하지만 적어도 구원 문제에 대해서는 결코 융통성 있게 살 수 없습니다. 오직 주 예수 그리스도만이 우리를 죄와 죽음, 저주와 심판의 비참함에서 구원하실 수 있는 유일한 중보자이시기 때문입니다. 그리고 성경이 그것을 우리에게 극명하게 선언하고 있기 때문입니다. 하나님이 선포하시는 말씀을 우리 마음대로 또는 우리 기호대로 바꿔서는 안 됩니다.

바울은 오늘 본문 1절과 4절에서 모든 사람이 구원을 받으며 진리를 아는 데에 이르기를 원한다고 선언하면서, 5절에서 그리스도 예수를 중보자라고 칭합니다. 여기에서 '중보자'를 뜻하는 헬라어 '메시테스'(mesites)는 하나님과 사람 사이에 서 있는 분으로 그리스도 예수를 가리킵니다. 하나님과 사람 사이의 중보자란, 하나님과 사람 사이에 서서 한편으로는 하나님을 대표하고 다른 한편으로는 사람을 대표하여 하나님과 사람을 화목하게 하는 그리스도에게만 속한 고유한 직분입니다. 이 말은 저와 여러분이 하나님과 화목하게 되어야 할 죄인된 신분과 상태에 있다는 것을 전제합니다. 이것은 정확히 우리에게 필요한 일이며, 예수 그리스도께서 정확히 이 일을 위해 이 세상에 오셨습니다.

왜 예수 그리스도께서 이 일을 위해 오셨습니까? 하나님께서는 태초에 자신의 모양과 형상대로 아담과 하와를 인류의 대표로 창조하셨습니다. 그리고 첫째 아담과 행위언약을 맺으시고, 동산 중앙에 있는 나무의 열매는 먹지 말라고 말씀하셨습니다. 원시상태에서 아담과 하와는 무죄했지만 완전한 의인은 아니었습니다. 하나님의 계명과 명령을 계속 순종하여 하나님께 영광을 돌릴 때 영원한 의로운 상태로 진입할 가능성을 가진 존재였습니다. 신학적으로 이것을 '시험적 상태'(pro-bational state)에 처해 있다고 표현합니다.

하나님은 사람을 기계로 만들지 않으셨습니다. 의지의 자유를 시행할 수 있는 인격자로 만드셨습니다. 그러나 아담은 사탄의 유혹을 받고 하나님의 말씀보다는 사탄의 말을 더 좋아했습니다. 스스로 하나님같이 되기를 원하여 범죄하고 말았습니다. 하나님의 언약에 불순종한 결과, 정녕 죽으리라는 말씀에 따라 아담은 즉시 영적으로 죽었고, 의인이 되기는커녕 불의하고 불법한 자가 되었으며, 하나님의 영원한 진노와 심판과 저주를 받는 존재로 전락하고 말았습니다.

이런 죄의 결과는 아담 이후에 출생하는 모든 인류에게 동일하게 적용되었습니다. 우리가 죄 가운데 태어나서 죄 가운데 죽는 이유는 우리 조상인 아담으로부터 출생했기 때문입니다. 바로 이것이 인류가 만난 난제입니다. 지난 수천 년 동안 인류가 해결하지 못한 난제 중의 난제입니다.

그런데 나사렛 예수 그리스도께서 모든 사람을 위해 하나님과 사람 사이의 중보자로 오셨습니다. 우리에게는 범죄하여 죽어 버린 우리 대신 우리를 대표하여 하나님 앞에서 하나님과 우리 사이를 회복시켜 주시고 우리를 다시 살려 주실 분이 필요합니다. 그분이 바로 예수 그리스도이십니다.

왜 오직 그리스도이어야 합니까? 오직 그리스도 예수만이 하나님이시자 사람이기 때문입니다. 오직 그리스도 예수만이 하나님과 사람 사이를 화목하게 해줄 유일한 중보자이시기 때문입니다. 오직 그리스도 예수만이 죄인을 향하여 진노하신 하나님 앞에서 그 진노를 누그러뜨리시고 우리를 대표하여 변호해 주실 유일한 구주이시기 때문입니다. 여러분, 다른 구주를 찾지 마십시오. 주 예수 그리스도 외에 다른 구주는 없습니다. 이것은 때가 차매 그 아들을 여자에게서 나게 하신 하나님의 영원하신 목적에 따라 된 것입니다(갈 4:4).

주 예수께서 나의 중보자가 되심을 굳게 믿고 오직 주 예수 그리스도 안에서 참되게 안식하는 성도들이 되기를 소원합니다.

우리를 위한 유일한 대속자

둘째, 오직 그리스도만이 우리를 위한 유일한 대속자이시기 때문입니다(6절). 본문 6절 말씀은 그리스도께서 이 중보자의 직분을 어떻게 수행하셨는지를 우리에게 알려 줍니다. 그리스도께서는 자신의 생명을 대속물로 주심으로서 하나님과 사람 사이의 중보자직을 완전히 수행하셨습니다. 여기서 '대속물'에 해당하는 헬라어 '안티뤼트론'(antilutron)은 '대신 지불하는 몸값'을 뜻합니다. 바울은 디도서 2장 14절에서도 동일한 단어를 사용하며 이렇게 말합니다.

> 그가 우리를 대신하여 자신을 주심은 모든 불법에서 우리를 '속량'하시고 우리를 깨끗하게 하사 선한 일을 열심히 하는 자기 백성이 되게 하려 하심이라.

이 구절에서 '속량'이란 '구속'을 뜻합니다. 여기에는 예수 그리스도의 대속적인 죽음, 그분의 희생 제사가 포함되어 있습니다. 말하자면, 그리스도께서 자신의 목숨을 몸값으로 지불하시고 우리를 구속하셨다는 것입니다. 자신을 희생하셔서 우리를 구해 내었다는 말입니다. 그리스도는 "모든 사람을 위하여 자기를 대속물로 주셨"습니다(6절). 이 일 때문에 5절에서 그리스도를 가리켜 "사람이신 그리스도 예수"라고 말하는 것입니다. 이것이 바로 예수께서 사람이 되어 이 땅에 오셔야 했던 이유입니다.

칼빈은 주님이 친히 우리를 위해 오셨기 때문에 우리가 따로 중보자를 발명할 필요가 없다고 말했습니다. 예수님이 친히 사람으로 오셔서 우리의 중보자가 되셨기 때문입니다. 따라서 그리스도의 죽음은 속죄적 죽음이요 대속적 죽음입니다. 즉 나의 죄를 사하여 주시는 죽음이요, 내가 죽을 그 자리에서 나를 대신하여 죽으신 죽음입니다.

우리는 보통 예수님의 십자가 죽음으로 말미암아 내가 죄에서 구원받고 천국에 간다고 생각하기 쉽습니다. 우리에게 필요한 것은 그저 예수님의 십자가 죽음뿐이며 그것만 믿으면 된다고 생각합니다. 그러나 기독교 신앙은 그렇게 간단한 것이 아닙니다.

"자기를 대속물로 주셨으니"라고 할 때, 이것은 그저 십자가 죽음만을 의미하지 않습니다. 물론 직접적으로는 십자가 죽음을 의미하지만, 더 넓게는 그리스도 예수의 모든 삶이 포함된 죽음을 의미합니다. 사람으로 오신 예수 그리스도의 성육신, 그분의 자라심, 세례를 받으심, 40일 동안 금식하심, 사탄 마귀에게 시험을 당하심, 변화산에서 변화되심, 겟세마네 동산에서 적극적으로 기도하심, 죄인들에게 고난을 당하심, 그 가운데서도 죄를 짓지 않으시고 모든 율법을 지키고 능동적으로 순종하심이 모두 포함된 죽음입니다. 따라서 예수님이 십자가에서 나를 위해 속죄적, 대속적으로 돌아가실 때 그것은 그리스도의 전 인생의 삶과 죽음의 완전한 공로가 내 것이 되는 죽음입니다.

사람이자 하나님이신 그리스도 예수께서 사시는 모든 날 동안 하나님의 뜻과 계명을 다 지키심으로 첫째 아담이 어긴 행위언약을 성취하시고, 십자가에서 돌아가심으로 우리의 죄를 속하셨습니다. 한 손으로는 하나님의 손을 붙잡고, 다른 한 손으로는 우리 손을 붙잡고 십자가에서 돌아가신 분이 바로 우리 구주 예수 그리스도이십니다. 왜 그렇게 하셨습니까? 우리를 속량하시기 위함입니다. 그래서 본문 6절은 "자기를 대속물로 주셨으니" 앞에 "그가 모든 사람을 위하여"라는 구절을 덧붙인 것입니다. 십자가는 예수님이 우리 죄를 위하여 우리 자리에서 우리 대신 형벌을 당하신 대속적 죽음이요 화목제물의 죽음입니다.

그러므로 이 대속물은 우리를 위한 것입니다. 우리 자리에서 우리를 대신하여 죽으신 예수님의 희생과 죽음은 우리를 위한 것입니다. 제가 다 동의하는 것은 아니지만, 스위스의 저명한 신학자 칼 바르트는 신약성경에서 가장 중요한 단어가 무엇이냐는 질문을 받고 "휘페르, 휘페르"라고 대답했습니다. 휘페르는 헬라어 전치사로 "위하여"로 번역된 단어입니다. '우리를 위하여…' 또는 '우리 대신에…' 또는 '우리를 대표해서'라는 뜻을 지닙니다. 실로 주님은 우리를 위하여 우리를 대신하여 돌아가신 분이십니다.

왜 그렇게 하신 것입니까? 바울은 고린도후서 5장 21절에서 이렇게 말합니다. "하나님이 죄를 알지도 못하신 이를 우리를 대신하여 죄로 삼으신 것은 우리로 하여금 그 안에서 하나님의 의가 되게 하려 하심이라." 이 대속물의 결과가 무엇입니까? 두 가지입니다. 우리의 죄를 속죄하시고 우리를 하나님의 의가 되게 하셨습니다.

웨스트민스터 신앙고백서 제8장 '중보자 그리스도'의 제5항은 이에 대해 다음과 같이 쓰고 있습니다.

> 주 예수는 완전하게 순종하시고, 그가 영원하신 성령을 통하여 하나님께 단번에 자신을 제물로 드림으로써 그의 아버지의 공의를 충분하게 만족시켰으며, 성부께서 그에게 주신 모든 자들을 위해 화목뿐만 아니라 하늘나라에서 얻을 영원한 기업을 값 주

고 사시었다.

예수님은 십자가에서 죽으심으로 우리 죄의 형벌을 담당하셨고, 우리가 하나님 앞에 의로운 자로 설 수 있도록 전 생애 동안 모든 율법을 완전하게 지키는 의로운 삶을 사셨습니다. 예수님의 삶과 죽음의 완전한 순종을 통한 대속이 내 죄를 완전히 사면하고, 더 나아가 나를 의롭다 칭해 주며, 영원한 생명을 준 것입니다. 칼빈은 바울이 그리스도를 안티뤼트론, 즉 '대속물'이라 칭함으로 다른 모든 대속물을 배제시킨다고 주석합니다.

여러분, 바울이 로마서 8장 31절에서 한 말을 기억합니까? "그런즉 이 일에 대하여 우리가 무슨 말 하리요 만일 하나님이 우리를 위하시면 누가 우리를 대적하리요." 만일 하나님이 우리를 위하시면(휘페르), 그 누구도 죄 용서와 칭의를 대적할 자가 없다는 말입니다. 그래서 바울은 계속해서 이렇게 말합니다. "누가 능히 하나님께서 택하신 자들을 고발하리요 의롭다 하신 이는 하나님이시니"(33절).

그 누가 나를 위해 죽을 수 있겠습니까? 그 누가 나의 비참한 죄를 대속할 수 있겠습니까? 그 누가 하나님 앞에 나아가서 나에게 의로움을 줄 수 있겠습니까? 그 누가 나에게 영원한 생명을 선물로 줄 수 있겠습니까? 무슨 대가를 치러서 하나님의 구원을 얻을 수 있겠습니까? 무슨 희생 제사를 드려서 하나님 앞에 의로움을 얻을 수 있겠습니까?

얼마나 오랫동안 무슨 봉사를 하고 어떤 헌신을 하여 하나님께서 저와 여러분을 구원하게 하시겠습니까? 화목제물로 오셔서 우리를 위하여(휘페르) 우리 대신 돌아가신 주 예수 그리스도 밖에는 다른 길이 없습니다. 바로 이것이 왜 오직 그리스도여야만 하는지의 이유입니다. 오직 우리를 의롭다 하실 수 있는 그리스도의 대속에 감사로 충만한 성도들이 되기를 기원합니다.

기독교회와 신자의 삶의 전부

셋째, 오직 그리스도만이 우리 기독교회와 신자의 삶의 전부이기 때문입니다(7절). 본문 7절에서 사도 바울은 자신의 사명이 무엇인지 밝힙니다. 한편으로는 하나님의 공의를 만족시키고 다른 한편으로는 우리를 하나님과 화목하게 하며, 우리에게 영원한 생명을 기업으로 주시는 예수 그리스도의 십자가 복음, 즉 모든 사람을 위한 구원의 복음을 증거하는 것입니다.

그는 6절 마지막에서 "기약이 이르러 주신 증거"라고 말합니다. 이 복음은 나이나 신분, 계급이나 성별, 빈부의 귀천 없이 모든 이를 위한 복음입니다. 바울에게는 이 복음을 전해야 할 사명이 있습니다.

예수 그리스도만이 모든 세대, 모든 족속, 모든 사회, 모든 민족, 모든 국가의 유일한 구주이십니다. 모든 사람, 즉 임금들과 높은 지위에 있는 사람들뿐 아니라 백성들도 위하는 복음입니다. 유대인들은 그들만을 위한 구주를 믿고, 이방인은 또 다른 구주를 믿어 구원을 받는 것이 아닙니다. 우리 세대는 우리를 위한 구주를 믿고, 우리 자녀들은 또 다른 구주를 믿는 것이 아닙니다. 우리와 우리 자녀와 오고 오는 모든 세대가 오직 예수 그리스도만을 구주로 고백하는 것입니다. 그래서 모든 사람이 구원받기를 원하신다고 말씀하고, 하나님이 한 분이시요 중보자도 한 분이라고 말씀하신 것입니다. 바울은 "주 예수를 믿으라 그리하면 너와 네 집이 구원을 받으리라"고 말합니다(행 16:31). 그리고 여호수아는 "오직 나와 내 집은 여호와를 섬기겠노라"고 선언합니다(수 24:15).

구약의 선지자들은 오실 메시아 예수 그리스도를 설교했고, 신약의 사도들은 오신 메시아 예수 그리스도를 설교했습니다. 그들의 중심은 오직 그리스도였습니다. 그들은 모든 영광을 오직 그리스도께 돌렸습니다. 예수님을 팔아서 종교 장사를 하거나, 예수님의 영광은 안중에 없고 예수님을 앞에 내세워 뒤에서 헌금을 받아 호가호위하지 않았습니다. 바로 이것이 모든 교회와 성도들 그리고 특별히 사역자들이 명심해야 할 유일한 것입니다.

오늘날 한국 교회의 적지 않은 강단이 기복주의와 번영주의로 물들어 있습니다. 예수님을 믿으면 복을 받는 것이 사실이지만 그것이 반드시 물질적, 경제적, 사회적 번영일 필요는 없습니다. 어떤 이들은 목사를 잘 섬겨야 복을 받는다고 스스럼없이 말합니다. 여러분은 무슨 이유로 목사를 잘 섬깁니까? 목사가 그리스도의 신실한 종으로, 오직 우리의 유일한 중보자이시며 우리를 위해 대속물로 자신의 몸을 드리신 그리스도를 가장 잘 설교하는 영광스러운 설교자의 직분을 맡았기 때문에 우리는 그를 귀히 여기고 존경해야 합니다. 그것이 아니라면 우리의 섬김은 기복적으로 흐르기 쉽습니다.

교회의 강단이 기복주의와 번영주의로 가득 찬다면, 교회의 권징은 설 자리가 없어지고 교회는 거룩해지기 어렵습니다. 기복주의를 추구하는 교회가 기복주의를 추구하는 교인을 어떻게 치리할 수 있단 말입니까? 그렇게 되면 그리스도의 영광이 보호되지 못하고, 진리의 말씀도 교회 내에서 올바로 보존되기가 어렵습니다. 교회가 존재하는 이유는, 목사와 장로와 안수집사가 존재하는 이유는, 바로 오직 그리스도와 그의 십자가에 못 박히심을 잘 선포하고, 그리스도의 뜻에 맞게 행정하며, 그리스도를 위해 봉사함으로, 잃어버린 모든 영혼들을 하나님께로 돌아오게 하기 위한 것입니다.

바울이 고린도전서 2장 2절에서 말한 바와 같이, 교회는 오직 "예수 그리스도와 그가 십자가에 못 박히신 것"을 선포함으로 죄인을 하나님과 화목하게 하는 위대한 구속기관입니다. 교회에 그리스도가 없다면, 강단 메시지에 그리스도가 없다면, 그것은 교회가 아닙니다. 마찬가지로 신자에게 그리스도가 없다면, 그는 교회를 다니는 종교인일지는 몰라도 그리스도인은 아닙니다. 조국의 모든 신실한 교회와 성도들이 바울처럼 예수 그리스도와 그가 십자가에 못 박히신 것 외에는 아무것도 알지 않기로 작정하기를 소원합니다.

사랑하는 여러분, 이제 말씀을 맺겠습니다. 오늘날 적지 않은 그리스도인들이 그리스도 없이 살아가는 모습을 심심찮게 볼 수 있습니다. 그들은 예수님을 믿는다 하면서 '오직 예수'가 무슨 의미인지 모릅니다. 중보자, 대속자가 무엇을 의미하는지 경험하지 못하고 있습니다. 중보자이고 대속자이시며 유일한 주님(the Lord)이신 예수 그리스도를 믿는다고 하면서 그분께 삶을 드리지 않습니다. 예수님을 믿음으로 얻는 죄 사함은 좋아하고, 의롭다 함을 얻는 것을 기뻐하며, '오직 예수'라는 찬양을 부르기 좋아하지만 정작 예수님께 생명을 드리지는 않습니다. 구원은 좋지만 나의 삶은 간섭하지 말라는 것입니다.

그러나 여러분이 믿는 구주 예수 그리스도가 그저 이런 분이라면, 이런 신자의 삶은 진정한 속죄의 의미를 모르는 삶이라 할 수 있습니다. 제임스 몽고메리 보이스 목사는 진정한 속죄가 없는 종교는 일종의 자기 자신이 신격화되며 복음주의 대부분에서 찾아볼 수 있는 뻔뻔스러운 교만과 철면피로 통하게 된다고 말했습니다.

참된 교회는 오직 그리스도를 높이고 그리스도를 찬미해야 합니다. 참된 신자는 오직 그리스도만을 자신의 영원한 구주로 모시고 높여야 합니다. 우리에게 다른 구주는 없습니다. 사람들은 우리가 모셔야 할 구주의 자리에서 그리스도를 내려앉히고 자신이 그 왕좌에 앉으려 합니다. 결코 그런 짓을 해서는 안 됩니다. 그리스도가 없는 나는 순종을 원하시는 하나님 앞에서 불법한 자로 드러날 것이기 때문입니다. 그리스도가 없는 나는 완전한 의를 요구하시는 하나님 앞에서 불의하고 더러운 자로 드러날 것이기 때문입니다. 그리스도가 없는 나는 심판하실 하나님 앞에서 영벌을 받을 것이기 때문입니다.

오직 그리스도만이 나의 중보자이시요, 오직 그리스도만이 나의 구속자이시요, 오직 그리스도만이 나의 유일한 의가 되십니다. 자신의 알량한 누더기 같은 교만의 옷을 벗어 버리고, 오직 완전하고 흠 없는 그리스도의 의의 흰옷을 입고 그 안에서 참되게 안식하는 성도들이 되기를 축원합니다.

저는 우리 가운데 젊은 청년들이 담배나 파이프를 물고서 웃고 떠들고 농담하며 매우 영리하게 하나님에 대하여 논하는 모습을 본 적이 있습니다. 만일 우리가 하나님에 대해 그 어떤 것이라도 진정으로 알게 되었다면, 우리는 담뱃불을 끄고 파이프를 멀리 던져 버렸을 것입니다. 그리고 신발도 벗어 버렸을 것입니다. 우리가 거룩한 땅에 서 있다는 사실을 깨달았을 것이며, 무릎을 꿇고 하나님 앞에 엎드렸을 것입니다.

로이드 존스, Love so Amazing(골로새서 강해), p. 197

이 땅의 삶은 주께서 우리에게 지정하셔서 배치하신 초소와도 같은 것이므로, 주께서 다시 부르실 때까지 그 자리를 굳게 지켜야 한다. 바울은 사실 육체의 족쇄에 매여 있는 자신의 처지를 한탄하면서 거기서 벗어나기를 간절히 원했다(롬 7:24). 그러나 그럼에도 불구하고 그는 하나님의 명령에 순종하여 어느 쪽이라도 취할 자세가 되어 있다고 선언한다. 그러나 어느 쪽이 하나님께 영광이 되는지는 오직 하나님께서 결정하실 문제이고, 살든지 죽든지 하나님의 이름을 영화롭게 하는 것이 자신의 의무라는 것을 그는 잘 알고 있었다(빌 1:20-24).

칼빈, 『기독교 강요』, 3.9.4.

4. 오직 하나님께 영광
Soli Deo Gloria

^{11:33}깊도다 하나님의 지혜와 지식의 풍성함이여, 그의 판단은 헤아리지 못할 것이며 그의 길은 찾지 못할 것이로다 ³⁴누가 주의 마음을 알았느냐 누가 그의 모사가 되었느냐 ³⁵누가 주께 먼저 드려서 갚으심을 받겠느냐 ³⁶이는 만물이 주에게서 나오고 주로 말미암고 주에게로 돌아감이라 그에게 영광이 세세에 있을지어다 아멘 ^{12:1}그러므로 형제들아 내가 하나님의 모든 자비하심으로 너희를 권하노니 너희 몸을 하나님이 기뻐하시는 거룩한 산 제물로 드리라 이는 너희가 드릴 영적 예배니라. 로마서 11:33-12:1

오늘날 현대 교회가 시급히 회복해야 할 한 가지 중대한 주제는 엄밀한 의미에서 칭의론 논쟁도 아니고 교회론도 아닙니다. 오늘날 교회가 가장 회복해야 할 중대한 주제는 바로 하나

님에 대한 생각입니다. 하나님에 대한 생각보다 더 위대한 생각은 없습니다. 신자와 교회에게 하나님은 전부이시기 때문입니다.

우리가 지금까지 살펴보았던 '오직 믿음', '오직 은혜', '오직 그리스도', 그리고 다음 장에서 살펴볼 '오직 성경'이라는 표제 역시 '오직 하나님께 영광'을 향하고 있습니다. 마치 '오직 하나님께 영광'이 지붕이라면 나머지는 지붕을 받치는 기둥이라 해도 과언이 아닙니다.

데이비드 반드루넨은 "솔리 데오 글로리아'는 다른 솔라들을 묶어서 그것들이 각각의 자리에 있게 해주는 접착제, 또는 다른 솔라들을 하나의 거대하고 통일된 전체로 묶어 주는 구심점 역할을 한다"고 말합니다. 나의 행위가 아니라 오직 믿음으로, 나의 공로가 아니라 오직 은혜로, 나의 선함이 아니라 오직 그리스도로 구원을 얻는 것이 확실하다면, 그리고 그것을 하나님의 말씀인 오직 성경이 내게 계시하여 알려 주었다면, 우리 편에서 그 어떤 기여나 공헌이 있겠습니까?

이 모든 사실이 구원은 오직 하나님께만 영광을 돌려야 할 하나님의 것임을 우리에게 분명하게 알려 줍니다. 그리고 바울 역시 본문 말씀을 통해 그것을 우리에게 선포하고 있습니다. 이 장에서 '오직 하나님께 영광'에 대해 묵상하면서 하나님께서 예비하신 크신 은혜를 함께 나누기를 소원합니다. 오직 하나님만이 영광을 받으셔야 할 이유가 과연 무엇이란 말입니까?

하나님만이 영광스러운 분

첫째, 하나님만이 영광스러운 분이시기 때문입니다(36절). 본문 36절의 마지막 부분에 "그에게 영광이 세세에 있을지어다 아멘"이라고 기록되어 있습니다. 문자 그대로 영광이 하나님께 영원토록 있다는 뜻입니다. 우리가 "오직 하나님께 영광을!"이라고 말할 때 주의해야 할 것이 있습니다. 그것은 우리의 행동이 하나님을 영화롭게 한다는 생각입니다.

'오직 하나님께 영광'은 헬라어로 '솔리 데오 글로리아'입니다. 여기서 '하나님'은 여격입니다. 말하자면 영광이 하나님께, 또는 하나님을 향해 영광이 있다는 말입니다. 영광이 하나님께만 있다는 뜻입니다. 이것은 우리가 영광을 하나님께 돌린다는 뜻이 아닙니다. 우리의 행동으로는 하나님을 영화롭게 할 수 없습니다.

본문에는 "그에게 영광이 세세에 있을지어다"라고 기록되어 있지 "우리가 하나님께 영광을 돌리자"라고 기록되어 있지 않습니다. 여기에서 말하는 '영광'은 오직 하나님께만 있는 고유한 속성입니다. 만일 우리가 영광스럽다면, 우리에게 조금이라도 영광스러운 점이 있다면 그것은 다만 우리에게 임하신 하나님의 영광을 잠깐 반사하는 것뿐입니다. 그리고 그것은 오직 영광스러우신 하나님께서 자기 영광의 모양과 형상대로 우리를 지으셨기 때문입니다.

하나님은 영원부터 영원까지 영광스러운 분이십니다. 따라서 우리는 하나님을 영광스럽게 할 수 없습니다. 더욱이 우리는 엄밀한 의미에서 하나님께 영광을 돌릴 수조차 없습니다. 그분은 우리에게 무엇인가를 받아서 영광스러운 분이 아니시기 때문입니다. 그 어떤 피조물도 하나님을 영광스럽게 할 수 없습니다. 우리가 천년만년을 산다고 해도 하나님을 영화로우신 분으로 만들 수 없습니다. 그 이유는 오직 하나님만이 영광스러운 분이시기 때문입니다. 이런 의미에서 조나단 에드워즈는 하나님의 이름이 하나님의 영광과 동일하다는 것을 성경이 밝히 드러낸다고 말한 바 있습니다.

실로 하나님은 영화로우십니다. 이 세상에 재미있는 이야기는 많지만 영광스러운 이야기는 많지 않습니다. 그 영광스러운 이야기가 바로 하나님이십니다. 구약성경은 도처에서 하나님이 영광이시라고 말합니다. 시편 29편 1-3절에서 시인은 이렇게 노래합니다. "너희 권능 있는 자들아 영광과 능력을 여호와께 돌리고 돌릴지어다 여호와께 그의 이름에 합당한 영광을 돌리며 거룩한 옷을 입고 여호와께 예배할지어다 여호와의 소리가 물 위에 있도다 영광의 하나님이 우렛소리를 내시니 여호와는 많은 물 위에 계시도다." 심지어 피조세계가 하나님의 영광을 선포한다고 말합니다. 시편 19편 1절에서도 이렇게 노래합니다. "하늘이 하나님의 영광을 선포하고 궁창이 그의 손으로 하신 일을 나타내는도다."

더 나아가 신약에서 사도 요한은 "말씀이 육신이 되어 우리 가운데 거하시매 우리가 그의 영광을 보니 아버지의 독생자의 영광이요…"이라고 합니다(요 1:14). 또한 바울은 로마서에서 우리 양심에 하나님의 영광이 계시되었다고 밝힙니다. "이는 하나님을 알 만한 것이 그들 속에 보임이라 하나님께서 이를 그들에게 보이셨느니라 창세로부터 그의 보이지 아니하는 것들 곧 그의 영원하신 능력과 신성이 그가 만드신 만물에 분명히 보여 알려졌나니 그러므로 그들이 핑계하지 못할지니라"(1:19-20).

그렇다면 하나님께 영광이란 무엇입니까? 그것은 이미 영광스러우신 하나님의 영광을 인정하고 바울처럼 그것을 찬양하는 것입니다. 바울이 무엇을 하고 있습니까? 가히 가까이 가지 못할 빛에 거하신 신비로우신 하나님을 찬양하고 있습니다. 로마서 1장부터 11장에 이르기까지 구원의 근본 교리를 설명한 바울, 모든 인간은 죄인이라 선포한 바울, 율법의 행위로는 구원을 얻을 수 없으며 오직 예수 그리스도의 의를 힘입어 죄 용서를 받고 의롭게 될 수 있다고 선언한 바울, 구원받은 신자 안에 내재하는 죄성으로 인해 성령과 육체의 소욕이 날마다 싸운다고 말한 바울, 모든 이스라엘의 실패로 이방인이 구원의 복음을 들을 것이라 말한 바울, 결국 모든 이스라엘이 아닌 오직 영적 이스라엘이 구원을 얻게 하시려는 것이 하나님의 절대하신 주권적 섭리라고 선포한 바울이 지금 여기서 무엇을 하고 있습니까? 바로 손을 높이 들고 찬송하고 있습니다. 하나님을 찬미하고 있습니다.

바울은 이제 더 이상 구원의 놀라운 신비를 달리 설명할 수 없습니다. 그렇다고 불가지론에 빠진 것이 아닙니다. 우리는 하나님께서 계시해 주신 말씀의 한계 내에서 하나님을 알 수 있습니다. 그러나 우리는 그것조차도 다 알지 못합니다. 그래서 바울은 불가지론에 빠지는 것이 아니라 그 대신 노래합니다. 하나님을 찬미합니다. "깊도다 하나님의 지혜와 지식의 풍성함이여", "누가 주의 마음을 알았느냐?", "누가 주께 먼저 드려서 갚으심을 받겠느냐?", "만물이 주에게서 나오고 주로 말미암고 주에게로 돌아감이라!"

바울은 모든 논쟁을 멈추고 두 손을 높이 들고 입을 벌려 하나님의 영광을 찬미하고 있습니다. 다른 논리와 사변과 과학과 이성을 초월해서 하나님을 노래하고 있습니다. 다른 이유가 없습니다. 유일한 이유가 있다면, 그분이 영광을 받으시기에 합당하며, 우리의 존재는 바로 그 이유 때문에 지음을 받았기 때문입니다.

우리가 사람에게는 까불어도 결코 하나님 앞에서는 함부로 까불어서는 안 됩니다. 우리는 오직 하나님께 영광을 돌리며 전심으로 노래해야 합니다. 그렇기 때문에 담배나 파이프를 물고서 웃고 떠들고 농담하며 하나님에 대해 논해서는 안 됩니다. 또한 지나치게 호기심이 발동하여 성경의 주된 목적과 의도와 본질보다는 성경 주변부의 비본질적인 것에 매달리는 것도 결코 바람직하지 않습니다. 잘 모르는 것이 있다면 교회의 교사들(목사와 교수)에게 겸손하게 물어야 하고, 그들도 모른다면 그저 질문을 멈추고 입을 닫고 손을 높이 들고 하나님을 찬양해야 합니다.

하나님은 우리의 이성과 논리로 재단될 분이 아니십니다. 하나님은 우리를 통해 영광과 찬양과 경배를 받으셔야 할 분이십니다. 하나님만이 영광을 받으셔야 할 유일한 이유가 있다면 그분이 곧 영광스러운 하나님이시기 때문입니다. 그렇다면 오직 하나님만이 영광을 받으셔야 할 또 다른 이유는 무엇입니까?

만물과 구원의 기원이자 궁극적 목적

둘째, 오직 하나님만이 만물과 구원의 기원이자 궁극적 목적이시기 때문입니다(36절). 우리는 지난 세 장에 걸쳐 '오직 믿음', '오직 은혜', '오직 그리스도'를 묵상했습니다. 그런데 이 모든 솔라의 가치들이 무엇을 목적하고 있습니까? 하나님께 영광을 목적하고 있습니다. 중간에서 이것을 가로챈 자들이 중세 로마 천주교회의 사제들이요 신부들이요 교황들입니다. 그래서 개신교회는 사제주의를 배격합니다.

사제주의가 무엇입니까? 노골적으로 말하자면 "구원이 사람으로부터 나온다 또는 구원이 사람으로 말미암는다는 사상"입니다. 그 결정적인 증거가 중세 시대의 면죄부(면벌부)와 사제들을 중보로 하는 고해성사입니다. 이것이야말로 교회를 좀먹고 하나님만 받으셔야 할 영광을 가로채는 죽음에 이르는 중세의 악 가운데 악이었습니다. 그리고 그 중심에는 완전한 그리스도의 중보 사역과 속죄 사역을 평가 절하하고 그리스도 예수를 반쪽짜리 중보자로 만들었던 사제와 면죄부와 교황주의의 인간 중보가 있었습니다. 물론 그들이 처음부터 악의적인 목적으로 그렇게 한 것은 아니었습니다. 그러나 아무리 선한 의도로 시작했다 할지라도 한번 오염되고 타락할 때 개혁하지 않으면 걷잡을 수 없게 됩니다.

그러나 개신교회 특별히 장로교회는 중세 천주교회와는 정반대입니다. 로마교회가 하나님을 높이는 척하면서 사람을 높였다면, 장로교 신학은 철저하게 하나님의 영광을 드높입니다. 장로교 신학의 최고 교리문답인 대요리문답과 소요리문답의 첫 번째 질문은 "사람의 크고 제일 되는 목적은 무엇입니까?"로 시작하고 그 대답은 "사람의 크고 제일 되는 목적은 하나님을 영화롭게 하고 그분을 영원토록 즐거워하는 것입니다"로 마칩니다. 사람이 존재하는 이유와 목적은 하나님을 영화롭게 하는 것이고, 그 존재의 목적대로 살아가는 것이 최고의 제일 되는 즐거움이어야 한다는 말입니다. 그래서 대소요리문답은 철저하게 하나님의 영광으로 시작해서 하나님의 영광으로 끝납니다.

우리가 누군가를 평가할 때, 그 사람이 무엇을 하고 있는지

보면 그에 대해 알 수 있습니다. 나는 누구를 향하고 있는가? 누구에게 영광을 돌리고 있는가? 무엇을 즐거워하고 있는가? 나는 돈을 주로 어디에 쓰고 있는가? 나는 과연 하나님을 즐거워하고 있는가? 하나님과 함께하는 사람들과 함께하는 것을 세상 것들과 함께하는 것보다 더 즐거워하는가? 모세처럼 세상의 보화로 낙을 누리는 것보다 하나님의 백성들과 함께 고난받는 것을 더 큰 즐거움으로 누리고 있는가 자신을 돌아보십시오(히 11:25-26).

대요리문답과 소요리문답이 왜 이런 질문과 대답으로 시작될까요? 종교개혁이 일어났지만 여전히 사람이 하나님의 영광을 가로채는 일들이 도처에서 발생했기 때문입니다. 더 나아가 웨스트민스터 종교회의에 참석하여 신앙고백서와 교리문답서를 만들던 신학자들과 목사들은 자고이래로 사람들이 본성적으로 하나님께 영광을 돌리기보다 자기 영광을 위해 살아가는 죄악된 존재라는 것을 너무 잘 알고 있었기 때문입니다. 아담과 하와가 그랬고, 이후에 출생한 모든 인간들이 그랬습니다. 바울이 한탄하듯이 "하나님을 알되 하나님을 영화롭게도 아니하며 감사하지도 아니하고 오히려 그 생각이 허망하여지며 미련한 마음이 어두워졌던" 것입니다(롬 1:21).

그래서 바울은 다시 우리에게 상기시킵니다. "만물이 주에게서 나오고 주로 말미암고 주에게로 돌아감이라!" 여기서 '만물'을 피조물 전체로 해석하든, 구원 사역으로 생각하든, 더 좁게는 로마서 9-11장에서 다룬 이스라엘과 이방인의 관계로 해석하든 아무 상관이 없습니다. 모든 것이 하나님의 주권적이며 섭리적인 손길에 달려 있다는 것입니다. 그 어떤 것이라도, 특별히 우리가 받은 구원은 전적으로 하나님으로부터 기원했으며, 하나님으로 말미암고 하나님께로 돌아갈 것입니다. 하나님이 만물을 지으셨고 주권적으로 섭리하시며 심판하실 것입니다.

나의 구원은 하나님으로부터 시작되었고 하나님께서 진행하시며 하나님께서 마치실 것입니다. 그러므로 영광이 오직 하나님께만 세세토록 있게 됩니다. 오직 하나님만이 만물과 구원의 시작이요 궁극적 목적이 되시기 때문입니다. 이것은 그저 창조와 영적 구원이 하나님께서 주신 것 정도로 제한되지 않습니다. 본문 36절 말씀은 저와 여러분이 갖게 된 모든 것이 하나님이 주신 것이라는 사실을 웅변적으로 선포하고 있습니다.

제임스 몽고메리 보이스 목사는 '오직 하나님께 영광'에 대해 설교하면서 이렇게 말했습니다.

만일 모든 창조가 하나님'에게서' 나오고 하나님으로 '말미암고' 하나님'에게로' 돌아간다면, 또한 구원 계획도 마찬가지로 '주에게서 나오고 주로 말미암고 주에게로 돌아간다면', 하나님의 구속된 창조의 일부인 우리 역시 '주에게서 나오고 주로 말미암고 주에게로 돌아간다.' 즉 우리도 하나님의 영광을 위해 존재하고 그분에게 영광을 돌려야 한다.*

오직 하나님만을 향하여 그분의 영광을 살아내야

"오직 하나님께 영광!"이라는 표제는 이제 우리에게 마지막 교훈을 던집니다. 바로 우리가 하나님의 영광을 살아내야 한다는 것입니다(11:36-12:1). 이것이 오직 하나님만이 영광을 받으셔야 하는 세 번째 이유입니다.

본래 성경에는 장절 구분이 없었습니다. 로마서는 로마 교회를 향해 기록된 한 통의 복음 편지였습니다. 따라서 오늘 본문은 36절에서 끝나지만 본래 로마서는 12장 1절로 연결됩

---

* James Montgomery Boice, *Whatever Happened to the Gospel of Grace?* (Wheaton, Illinoise: Crossway Books, 2002), 『개혁주의 서론』, p. 217.

니다. "그러므로…너희 몸을…산 제물로 드리라"(롬 12:1). 위대한 '그러므로'의 신학이 여기서 나옵니다.

왜 우리 몸을 하나님이 기뻐하시는 몸으로, 하나님이 원하시는 산 제물로, 영적 예배로 드려야 합니까? 모든 영광이 하나님께 있기 때문입니다. 하나님의 영광이 나의 예배적 삶을 이끌어 냅니다. 하나님의 영광을 본 사람은 무릎을 꿇고 탄식하며 경배하게 되어 있습니다. 이사야 선지자는 이사야 6장에서 이렇게 말합니다. "서로 불러 이르되 거룩하다 거룩하다 거룩하다 만군의 여호와여 그의 영광이 온 땅에 충만하도다 하더라 이같이 화답하는 자의 소리로 말미암아 문지방의 터가 요동하며 성전에 연기가 충만한지라 그때에 내가 말하되 화로다 나여 망하게 되었도다 나는 입술이 부정한 사람이요 나는 입술이 부정한 백성 중에 거주하면서 만군의 여호와이신 왕을 뵈었음이로다 하였더라"(3-5절).

여호와 하나님의 영광을 본 사람은 탄식하며 무릎을 꿇고 엎드려 경배하게 되어 있습니다. 우리가 조금이라도 하나님의 영광을 보았다면 우리가 취해야 할 자세는 그저 엎드리는 것뿐입니다.

하물며 모든 피조물이 하나님으로부터 나오고 돌아가며, 우리를 위한 구원 계획이 하나님의 주권적 섭리의 산물이라면, 우리의 모든 삶의 시간 역시 하나님의 영광을 위한 것이 아니고 무엇이겠습니까? 예수님이 나를 위하여 성육신하여 세상에 오셔서 사시고 죽으시고 부활하신 놀라운 구속의 역사가 하나님의 영광을 위한 것이라면 구원받은 나의 삶의 궁극적 목표 역시 하나님의 영광이어야 합니다.

그렇다면 하나님께 영광의 삶을 어떻게 살아내야 할까요? 그것은 신자의 삶의 전 영역에서 하나님의 영화로우심을 거울처럼 반영하고 드러내는 것입니다. 가수 윤도현 씨의 '거울'이란 노래에 이런 가사가 나옵니다.

자꾸 보고 수시로 비춰

어디서든 수시로 비춰

앉으나 서나 수시로 비춰

고쳐 안 그러면 나를 망쳐…

하나님께 영광을 돌린다는 것은 마치 거울처럼 자꾸만 하나님의 영광에 나를 비추어 보고 고쳐 나가는 것입니다. 하나님께서 우리에게 교회 공동체를 주신 이유가 여기 있습니다. 저는 여러분이 익명성이 보장되는 대형 교회에 출석하기보다는 작은 크기의 교회에 출석하기를 원합니다. 수적으로 작은 교회는 숨을 곳이 별로 없습니다. 어떻게 신앙생활하는지가 다 보입니다. 그래서 부딪치고 비춰지고 반사되어 고칠 것이 훤히 드러납니다. 이런 과정을 통해 우리는 점점 그리스도를 닮아 갈 수 있습니다.

물론 이런 과정에서 상처를 입을 수도 있고 아픔이 생길 수도 있습니다. 성숙하지 못한 공동체가 개인을 비난하는 일이 생길 수도 있습니다. 그러나 교회 공동체가 건강하게 하나님의 말씀을 선포하고, 합당하게 성례를 시행하며, 신실하게 권징을 집행한다면, 신자는 그 안에서 신앙의 지도를 받으며 그리스도를 닮는 일을 게을리하거나 회피해서는 안 됩니다.

하나님께 영광을 돌리는 것의 절정에는 그분을 향한 예배가 있습니다. 우리는 예배를 드림으로 하나님께 영광을 돌리고, 또한 그 모습을 하나님의 가족들과 우리 자녀들에게 나타내 보입니다. 우리 삶의 모든 시간과 장소에서 하나님의 영광을 드러내야 하지만 예배만큼 하나님의 영광이 드러나는 시간과 장소도 없을 것입니다. 우리가 오늘 드리는 예배는 장차 하나님의 나라에서 영원토록 즐거워할 예배의 전조입니다. 따라서 사탄은 할 수만 있으면 예배를 방해하려 하고, 성령께서는 할 수만 있으면 온전한 예배를 드리게 하십니다. 우리는 성령의 능력으로 진리의 말씀을 통해 함께 예배해야 합니다.

미국의 미래학자 니콜라스 카는 『생각하지 않는 사람들』(The shallows)에서 이렇게 말했습니다. "지금 인터넷이 하고 있는 일로 보이는 것은 집중과 묵상을 위한 나의 역량을 깎아 먹는 것이다. 인터넷은 정신 집중을 가로막고 방해하는 시스템으로서, 의도적으로 주의를 분산시키기에 적합하게 고안된 기계다."

참으로 그렇지 않습니까? 오늘날 우리는 손바닥 안에서 가지고 노는 인터넷, 즉 스마트폰에 점령당했습니다. 사람은 인터넷과 스마트폰을 개발했고, 스마트폰은 그것을 만든 사람을 점령했습니다. 우리는 도처에서 하나님께 영광을 가로막는 분산과 산만의 시대를 살고 있습니다. 하나님을 본 이사야 선지자의 모습과 오늘날 우리의 모습은 그 간격이 한참 멀어 보입니다.

우리의 예배는 산만하고 경박해졌습니다. 마음만 먹으면 예배당에 나가지 않아도, 성도의 교제를 누리지 않아도, 성찬 식탁에 나오지 않아도, 선포되는 하나님 말씀으로서의 설교를 듣지 않아도, 아무 때나 아무 장소에서나 원하는 설교자의 설교를 손가락으로 터치해서 불러내는 시대가 되었습니다. 여기에 무슨 영광이 있습니까? 여기에 무슨 엄숙함과 진지함이 있습니까?

과연 오늘날 교회와 신자가 하나님을 자신의 전부로 생각하고 있는지 의문이 듭니다. 과연 우리는 하나님을 생각하고 있습니까? 예배를 드릴 때 하나님의 위엄을 생각하고 있습니까? 아니면 자신의 유익이나 정서적 만족 따위에만 신경을 쓰고 있습니까? 우리는 온 마음을 다해 전심으로 최고와 최선의 예배를 드려야 합니다. 그 후에야 우리 삶의 모든 영역에서 하나님, 성경, 교회를 마음에 두고 최우선의 가치로 삶을 정돈해야 할 것입니다. 그렇게 할 때 우리의 나머지 시간들도 하나님을 경배하는 예배적 삶이 될 것이며, 그 결과 온전히 하나님의 영광이 드러나게 될 것입니다.

사랑하는 여러분, 이제 말씀을 맺겠습니다. 사람이 하나님의 영광을 목적하지 않는다면, 그는 분명 자기 자신을 목적하게 됩니다. 하나님을 경외해야 할 신자에게 이기적인 자기 사랑만큼 해악적인 것도 없습니다. 오늘날 적지 않은 신자들이 하나님을 믿는다 하면서 성경적인 하나님을 생각하지 않고 자신이 만든 하나님을 믿습니다. 교회도 마찬가지이고, 사랑도 마찬가지이고, 다른 모든 주제들에 대해서도 마찬가지입니다. 성경으로 자신의 생각을 교정하여 진정으로 하나님께 영광을 돌리고 하나님을 사랑하기보다는, 자신이 만든 하나님께 영광을 돌림으로 자기만족에 취해 있습니다. 그러나 그 순서가 바뀌어야 합니다.

참된 신자는 성경이 선포하는 하나님을 사랑하기 위해 자기를 사랑해야 할 존재입니다. 그것이 우리의 존재 이유이기 때문입니다. 이것이 성경적으로 자기를 사랑하는 방식입니다. 성경적으로 자기를 사랑하고 아끼는 모든 것이 하나님의 영광을 위한 것이 아니라면, 그것은 영원할 수 없습니다.

덧없이 무참하게 흘러가는 속절없는 세월 속에서 오직 하나님의 영광만이 영원합니다. 꽃은 시들고 풀은 마르지만 우리 하나님의 말씀은 영원합니다. 칼빈은 『기독교 강요』 3권 7장 '그리스도인의 삶의 요체: 자기를 부인함' 제1항 '하나님이 주인이심'에서 이렇게 말합니다.

> 우리는 우리의 것이 아니다. 그러니 우리의 생각이나 뜻이 우리의 계획과 행동을 주장하게 해서는 안 된다. 우리는 우리의 것이 아니다. 그러므로 우리의 죄악된 육체에 편리한 것을 목표로 삼고 그것을 추구해서는 안 된다. 우리는 우리의 것이 아니다. 그러니 할 수 있는 대로 우리 자신이나 우리에게 속한 모든 것을 잊어버려야 할 것이다. 반대로 우리는 하나님의 것이다. 그러므로 그를 위하여 살고 그를 위하여 죽어야 한다. 우리는 하나님의 것

이다. 그러니 그의 뜻과 그의 지혜가 우리의 모든 행동을 다스리게 해야 한다. 우리는 하나님의 것이다. 그러므로 하나님을 유일한 목적으로 삼고 우리 삶의 각 부분마다 그를 향하여 나아가도록 최선을 다해야 한다.

여기서 칼빈이 세 차례에 걸쳐 강조하는 문장이 있습니다. 그 하나는 "우리는 우리의 것이 아니다"이며, 다른 하나는 "우리는 하나님의 것이다"입니다. 이것은 칼빈 이전에 바울이 먼저 선포한 말씀이 아닙니까?(롬 14:8, 고전 6:19-20) 바울은 우리 몸이 하나님께서 값 주고 사신 것이기에 하나님께 영광을 돌리라 했고, 살아도 주를 위해 살고 죽어도 주를 위해 죽으니 사나 죽으나 주의 것이라고 고백했습니다. 바울과 칼빈을 본받아 저와 여러분도 우리는 우리의 것이 아니라 하나님의 것이라고 외치며 오직 하나님께만 모든 영광을 돌리기를 바랍니다.

여러분은 아침마다 정해 놓은 큐티 시간을 채우기 위하여 급하게 처리해야 하는 다른 일들에 앞서 마치 습관이나 관례처럼 성경을 읽습니까? 그것이 여러분이 성경을 대하는 태도입니까? 그것이 아니라면, 여러분은 이렇게 말해야 합니다. "여기 저를 향한 하나님의 말씀, 사람들을 향한 하나님의 말씀이 있습니다. 저는 그것이 하나님의 직접적인 말씀이기 때문에 성경을 읽습니다."

로이드 존스, *The Righteous Judgement of God*(로마서 강해 8), p. 171

성경에는 특정한 이율배반적 표현들이 있는데, 믿음의 사람들은 반드시 그것을 수용할 준비가 되어 있어야 합니다. 누군가가 "오, 당신은 이 두 가지를 조화시키지 못하는군요"라고 말할 때, 여러분은 반드시 "오, 저는 그것들을 조화시킬 수 없습니다. 또한 저는 그것을 할 수 있는 척하고 싶지도 않습니다. 그것에 대해 제가 아는 바는 없습니다. 저는 오직 성경이 말씀하시는 것만 믿을 뿐입니다"라고 말할 준비가 되어 있어야 합니다.

로이드 존스, *Great Doctrines of the Bible*(교리 강해 1), p. 95

노인이나 눈이 흐린 사람, 혹은 시력이 좋지 못한 사람들에게 아무리 훌륭한 책을 내어놓는다 해도, 그 사람들은 그것이 좋은 책이라는 것을 인정하면서도 눈이 흐리기 때문에 두 단어도 연달아 읽지 못할 것이다. 그러나 안경의 도움을 받으면 아주 또렷하게 그 책을 읽어 내려갈 수 있을 것이다. 이와 마찬가지로, 하나님에 관한 갖가지 혼란스런 지식을 우리 마음에 제대로 모아 주며, 우리의 우둔함을 몰아내고, 참되신 하나님을 분명하게 보여 주는 것이 바로 성경이다. 하나님께서는 교회를 가르치시기 위하여 그저 우둔한 교사들만 사용하시는 것이 아니라 친히 자기의 거룩하신 입술을 여시니, 이는 과연 특별한 선물이 아닐 수 없다.

칼빈, 『기독교 강요』, 1.6.1.

5. 오직 성경
Sola Scriptura

¹⁴그러나 너는 배우고 확신한 일에 거하라 너는 네가 누구에게서 배운 것을 알며 ¹⁵또 어려서부터 성경을 알았나니 성경은 능히 너로 하여금 그리스도 예수 안에 있는 믿음으로 말미암아 구원에 이르는 지혜가 있게 하느니라 ¹⁶모든 성경은 하나님의 감동으로 된 것으로 교훈과 책망과 바르게 함과 의로 교육하기에 유익하니 ¹⁷이는 하나님의 사람으로 온전하게 하며 모든 선한 일을 행할 능력을 갖추게 하려 함이라. 디모데후서 3:14-17

우리는 지금까지 종교개혁의 5대 표제를 하나씩 살펴보았습니다. '오직 믿음'을 필두로 하여 '오직 은혜', '오직 그리스도', 그리고 '오직 하나님께 영광'까지 살펴보았습니다.

다시 반복하지만, '오직 믿음'이라는 것은 나의 행위가 아니라는 것이며, '오직 은혜'라는 것은 나의 공로가 아니라는 것이며, '오직 그리스도'라는 것은 나의 선함이나 기타 어떤 중보자의 도움이 아니라는 것입니다. 그래서 '오직 하나님께 영광'이라는 것은 구원에 있어서 우리 편의 어떤 기여나 공헌이 없기 때문에 오직 하나님께만 모든 영광을 돌려야 함을 의미합니다. 이제 '오직 성경'이라는 종교개혁의 위대한 표제를 살펴보겠습니다.

그런데 왜 '오직 성경'을 제일 마지막에 설교하는 것일까요? 이런 배치는 다분히 의도적입니다. 여기에는 설교자의 설교학적인 이유가 있습니다. 사실 종교개혁의 5대 표제를 어떤 순서로 설교하든지 크게 상관이 없습니다. 어떤 이들은 '오직 은혜' 또는 '오직 믿음'을 앞세우기도 합니다. 또 다른 이들은 '오직 성경'을 제일 먼저 가르치기도 합니다. 그 이유는 '오직 성경'이 아니고서는 우리가 믿음을 가질 수도, 은혜를 받을 수도, 그리스도를 알 수도, 하나님께 영광을 돌릴 수도 없기 때문입니다.

저는 동일한 이유로 '오직 성경'을 가장 나중에 설교하고자 합니다. 그 이유는 앞서 설교한 '오직 은혜', '오직 믿음', '오직 그리스도', '오직 하나님께 영광'을 가능하게 해주는 유일무이한 말씀이 바로 성경이기 때문입니다. 이제 사도 바울이 젊은 목회자 디모데에게 편지하고 권면한 본문 말씀을 통해 '오직 성경'이라는 마지막 표제를 상고하며 함께 은혜받기를 소원합니다.

우리가 믿어야 할 유일무이한 하나님의 말씀

첫째, 오직 성경만이 우리가 반드시 믿어야 할 유일무이한 하나님의 말씀입니다(14-15 상반절). '솔라 스크립투라'(Sola Scriptura)는 '말의 모음'을 의미하며, '오직 성경만이 하나님의 말씀'이라는 것을 의미합니다. 성경은 우리를 향한 하나님의 말씀입니다. 사실 이 책을 읽는 사람들 대부분이 성경을 하나님의 말씀이라고 믿는 신자이기에 우리가 소유한 이 성경이 하나님의 말씀이라는 것을 어렵고 난해하게 증명할 필요는 없을 것입니다. 그러나 혹시라도 성경이 하나님의 말씀이라는 이 놀라운 사실에 대해 조금이라도 의문이 있는 분들은 특히 이 말씀에 주의하기 바랍니다.

우리 하나님은 무엇보다도 말씀하시는 하나님이십니다. 성 삼위일체 하나님은 서로 말씀하시는 하나님이십니다. 성부와 성자께서 말씀을 나누셨고, 성령께서 성부와 성자와 말씀을 나누고 교제하셨습니다. 성부와 성자와 성령은 서로 소통하며 교제하시는 삼위일체 하나님이십니다. 우리가 말을 알고 배우게 된 것도 하나님이 우리를 말하는 존재로 지으셨고 우리에게 말씀을 걸어오셨기 때문입니다.

창세기 1장에서 하나님은 "이르시되"라는 말씀으로 이 세상을 창조하셨습니다. 그리고 하나님 자신의 형상과 모양, 즉 자신의 인격을 따라 아담과 하와를 지으시고 그들과 대화하며 교제하셨습니다. 하나님은 최초의 인류와 대화하신 분이십니다.

그뿐입니까? 하나님이 창조하신 온 우주 만물이 우리에게 말을 걸고 있습니다. 우리가 지난 장에서 살펴본 시편 19편에 "하늘이 하나님의 영광을 선포하고 궁창이 그의 손으로 하신 일을 나타내는도다"라고 나옵니다(1절). 전 피조세계가 하나님의 존재를 말하고 있습니다. 그래서 바울이 로마서 1장에서 하나님의 신성이 만물에 분명히 보여 알려졌기 때문에 모든 인간은 하나님을 모른다고 핑계할 수 없다고 말한 것입니다(20절).

그뿐입니까? 하나님은 인간의 불순종으로 말미암은 타락 이후에 구약의 선지자들을 통해 구원의 복음을 말씀으로 선포하셨습니다. 그리고 특별히 말씀 자체이신 예수 그리스도를 통해 우리에게 말씀하셨습니다. 우리 주님께서 세상에 오셔서 하신 사역의 대부분이 무엇입니까? 바로 가르치는 사역이었습니다. 말씀으로 가르치셨습니다. 예수 그리스도는 하나님의 화육하신 말씀 자체이십니다. 또한 하나님은 신약의 사도들에게 말씀을 두시고 교회를 세워 가셨습니다.

이 모든 사실이 우리에게 무엇을 설명하고 있습니까? 하나님은 말씀하시는 분이라는 것입니다. 히브리서 1장은 이렇게 선포합니다. "옛적에 선지자들을 통하여 여러 부분과 여러 모양으로 우리 조상들에게 말씀하신 하나님이 이 모든 날 마지막에는 아들을 통하여 우리에게 말씀하셨으니 이 아들을 만유의 상속자로 세우시고 또 그로 말미암아 모든 세계를 지으셨느니라"(1-2절).

하나님은 성경이라는 책으로 자신의 백성들과 소통하시는 분입니다. 오늘 본문을 보면, 바울이 디모데에게 "너는 배우고 확신한 일에 거하라"고 명령하면서 "너는 네가 누구에게서 배운 것을 알며 또 어려서부터 성경을 알았나니"라고 말합니다. 디모데는 성경을 알았고 배웠으며 믿었습니다. 그가 누구에게 배웠습니까? 외할머니 로이스와 어머니 유니게에게 배웠습니다. 그들은 또 누구에게 배운 것입니까? 선지자들의 글에서 배웠고, 후에 사도들에게 배웠습니다.

주후 1-2세기부터 하나님의 말씀이 널리 퍼졌고, 신자들은 그것을 알고 있었으며, 교회는 그것을 하나님의 말씀으로 받아들였습니다. 이것을 성경의 정경화 작업이라고 부릅니다. 초점은, 일반적으로 그렇게 알고 있듯이 교회가 하나님의 말씀을 정한 것이 아니라 이미 존재하고 있는 하나님의 말씀이 교회로 하여금 정경을 받아들이게 만든 것입니다.

교회의 정경화 작업은 이미 권위 있게 전달된 하나님의 말씀을 교회가 받아들인 것입니다. 그 말씀이 번역되어 우리에게까지 온 것입니다. 그러므로 권위는 성경에 있지 정경을 정한 교회에 있지 않습니다. 교회나 신자가 성경에 권위를 부여한 것이 아니라 성경이라는 권위가 교회와 신자에게 권위를 가지고 명령하는 것입니다.

오늘 저와 여러분이 가지고 있는 이 성경, 듣고 있는 이 성경의 말씀이야말로 권위 있는 하나님의 말씀입니다. 우리가 오직 하나님의 은혜로, 오직 그리스도를 믿음으로 말미암아, 오직 그리스도를 통하여, 오직 하나님께 영광을 돌리게 된 것은 오직 성경 말씀 때문입니다. 그리고 하나님이 우리에게 말씀하신다는 것은 바로 우리에게 책임을 부과하시는 말씀입니다. 하나님의 은혜를 깨닫고 오직 그리스도를 믿음으로 먹든지 마시든지 무엇을 하든지 다 하나님께 영광을 돌리는 책임

말입니다(고전 10:31). 철학자와 신학자들은 이것을 가리켜 '제일원리' 또는 '모든 것을 알 수 있는 인식의 원리'라고 불렀습니다.

하나님은 우리가 알기를 원하시고, 또 우리가 알아야 할 모든 것을 성경을 통해 알려 주셨습니다. 우리는 오직 성경만을 유일하신 하나님이 하신 말씀으로 여겨야 합니다. 오직 성경만이 우리가 믿고 배우고 확신해야 할 말씀임을 굳게 믿고 성경을 귀히 여겨야 합니다.

구원의 유일한 법칙

둘째, 오직 성경만이 구원의 유일한 법칙입니다(15절). 앞서 오직 성경은 제일원리 또는 인식의 원리라고 말했습니다. 인식의 원리란 알게 되는 근원을 말합니다. 우리가 성경을 통해 알게 되는 제일원리의 목적, 인식의 원리의 궁극이 무엇입니까? 디모데후서 3장 15절에 그 내용이 나와 있습니다. "성경은 능히 너로 하여금 그리스도 예수 안에 있는 믿음으로 말미암아 구원에 이르는 지혜가 있게 하느니라."

성경은 하나님의 말씀의 책입니다. 이 말씀의 책은 구원을 목적합니다. 구원이란 언제든지 죄와 죽음으로부터 구출받는 것을 뜻합니다. 여기에는 죄인을 향한 하나님의 진노와 저주와 심판이 포함되어 있습니다. 하나님께 불순종한 죄의 비참한 결과로 인해 모든 인류는 루비콘 강을 건넜으며 정죄받았고, 유죄로 선고되었으며, 죽었고 죽어 가고 있으며 죽을 것입니다.

종종 예배 시간에 대표 기도를 하는 중에 "허물과 죄로 죽을 뻔했던 우리를 다시 살리사…"라고 기도하는 분들이 있습니다. 우리는 죄와 허물로 죽을 뻔했던 자들이 아니라 죽었던 자입니다. 죄인된 우리는 죽었기에 죽어 가고 있으며 마침내 죽을 것입니다. 성경이 말하는 구원이란 바로 이런 비참한 상태와 신분으로부터의 구원입니다. 따라서 성경적인 복음 설교 역시 이것을 말해야 합니다.

바울은 디모데에게 "네가 어려서부터 성경을 알았는데 그 성경이 너를 위로해 주고 너를 도와줄 것이다. 너의 기분을 약간 들뜨게 하거나 황홀경에 빠지게 해줄 것이다"라고 말하지 않았습니다. 그는 성경이 "구원에 이르는 지혜"로 이끌 것이라고 말합니다.

하나님의 말씀의 책은 처세술에 대한 책이 아닙니다. 성경은 돈을 많이 벌게 하고 성공하게 도와주는 경영 지침서가 아닙니다. 성경은 아침과 저녁에 그저 한두 번 들춰서 정서적 만족을 얻고 종교적 위로를 얻는 아편과 같은 책이 아닙니다. 우리가 성경을 그 정도로만 대하고 있다면 그것은 하나님의 말씀인 성경에 대한 모독입니다. 성경은 하나님의 말씀이며, 죄로부터 구원해 주는 책입니다. 로이드 존스 박사는 로마서를 설교하면서 이렇게 말한 적이 있습니다.

> 설교나 강연을 들을 때나 성경을 읽을 때 우리가 좋아하는 것만 골라내고 나머지는 모두 버리는 것은 얼마나 쉬운 일인지요? 어떤 사람들은 심지어 혼자 성경을 읽을 때조차 그렇게 합니다. 그들은 단지 성경의 특정 부분들만 읽고 나서 위로를 얻고 기분이 좋아졌다고 말합니다. 물론 이것은 아주 성가신 일이 아닙니다. 왜냐하면 그들은 단지 약간의 위로와 위안을 원하기 때문입니다. 그것이 바로 그들이 성경을 읽는 이유이며, 그 결과 다른 것은 아무것도 얻지 못합니다. 그들은 성경의 일부분만 취하고 나머지를 모두 버리는 사람들과 같습니다.*

참으로 그렇지 않습니까? 오늘날 신자들이 성경을 너무 왜

---

* *The Righteous Judgement of God*, 로마서 강해 8, pp. 8-9.

곡되게 대하고 있지는 않는지요? 설교자들뿐만 아니라 신자들도 이런 말을 합니다. "나이가 들면서 듣고 싶은 것만 듣고, 보고 싶은 것만 본다." 이것이 비단 나이 든 사람들만의 모습이겠습니까? 우리 모두가 입에 달면 삼키고, 입에 쓰면 내뱉지 않습니까? 영광받기는 즐거워하면서 고난받기는 싫어하지 않습니까?

설교도 총체적으로 균형 있게 들어서 자신의 삶을 개혁하고 고쳐서 하나님이 기뻐하시는 삶을 살기 위해 듣지 않고, 그저 내 머릿속에 지우개가 있어서 듣기 싫고 거북한 것들은 지워 버리고 자신이 원하는 것만 듣고 있지는 않습니까? 만일 우리가 성경을 이렇게 대하고 있다면, 중세 로마 천주교회와 조금도 다를 것이 없습니다.

중세 로마 천주교회가 타락한 이유 역시, 성경을 피상적으로 여겼고 성경을 사제들의 전유물로 가두어 놓았기 때문입니다. 그들은 성경을 자신들이 원하는 것으로 바꾸어 버렸습니다. 성경을 면죄부로 바꾸었고, 사제들의 고해성사로 바꾸었고, 교황의 무오설로 바꾸었습니다. 성경을 금욕과 성지 순례로 바꾸었습니다. 그들은 말씀하시는 하나님의 책을 인간적인 공로와 업적을 쌓는 수행과 고행의 책으로 바꾸었습니다. 그렇게 함으로써 교황과 교회의 권위를 하나님의 말씀인 성경의 권위보다 더 높았습니다.

이런 방식은 인간의 업적과 공로를 내세우기 좋아하는 신자들에게도 매우 매력적으로 들리고 매력적으로 보였습니다. 결국 그들은 오직 하나님께 영광을 돌리지 않고 오직 가시적인 로마교회에 영광을 돌리게 만들었습니다. 따라서 하나님의 유죄 선고, 저주와 심판, 그리고 죄와 죽음으로부터의 구원이 전적으로 로마 천주교회에 좌우되게 만든 것입니다.

바로 이런 이유 때문에 마르틴 루터는 저서 『교회의 바벨론 포로』에서 로마교회가 결코 거의 뚫을 수 없는 세 개의 성벽으로 담을 쌓아 요새화했다고 비난했습니다. 첫 번째 성벽은 교회의 권위가 국가 정부의 권위보다 더 높다고 믿는 것이었고, 두 번째 성벽은 오직 교황만이 성경을 해설할 자격이 있다는 것이었고, 세 번째 성벽은 교황이 교회 공의회의 권위보다 더 높은 권위를 소유했다고 믿는 것이었습니다.

로마 천주교회는 신자들이 성경을 읽지 못하도록 쇠사슬로 꽁꽁 묶어 교회의 지하 비밀창고에 감금시켜 버린 꼴입니다. 종교개혁은 성경을 다시 모든 신자들의 손에 되돌려 준 놀라운 사건입니다. 마르틴 루터를 비롯해서, 존 위클리프와 윌리엄 틴데일 등이 성경 번역에 그토록 목숨을 건 이유가 여기에 있습니다. 죄로부터 구원을 받는 법은 교회에 달린 것이 아니라 오직 성경에 달려 있기 때문입니다.

바울은 로마서 10장 10절에서 "사람이 마음으로 믿어 의에 이르고 입으로 시인하여 구원에 이르느니라"고 말한 후에 17절에서 "그러므로 믿음은 들음에서 나며 들음은 그리스도의 말씀으로 말미암았느니라"고 말합니다. 왜 믿음이 오직 그리스도의 말씀으로 말미암습니까? 사도행전 4장에서 베드로가 말하고 있는 바와 같이, 하나님께서 예수 그리스도 이외에 다른 이름으로는 구원을 받을 수 없다고 정하셨고(12절), 그것을 구약성경과 신약성경을 통해 말씀하셨기 때문입니다.

오직 성경만이 구원에 이르는 유일무이한 법칙으로서 하나님의 말씀임을 굳게 믿고 부지런히 성경을 읽어 그 구원을 배우고 확신한 일에 거하는 성도들이 되기를 소원합니다.

교회와 성도의 생활을 위해 전적으로 충분한 말씀

셋째, 오직 성경만이 교회와 성도의 생활을 위해 전적으로 충분한 말씀입니다(16-17절). "오직 성경!" 이것을 다른 말로 표현하면, "성경의 충분성"(*tota scriptura*, 성경 전체)입니다. 성경만으로 충분하다는 것입니다. 이것은 '오직 성경'이라는 표제뿐만 아니라 종교개혁의 5대 표제 설교를 마무리하는 마지막 대지에서 신자와 조국교회가 반드시 주의 깊게 염두에 두어야 할 중요한 요점입니다. "성경의 충분성" 말입니다.

바울은 디모데에게 성경이 하나님의 성령의 역사하심으로 기록된 말씀임을 분명히 하면서 이 성경이 교훈, 책망, 바르게 함, 의로 교육함, 온전하게 함, 그리고 일을 행할 능력을 갖추게 해준다고 말합니다. 바울은 스스로 박해를 받았고 또한 디모데가 목회할 때 당하게 될 어려움을 예감하면서 "무릇 그리스도 예수 안에서 경건하게 살고자 하는 자들은 박해를 받으리라"고 말했습니다(12절). 계속하여 13절에서 "악한 사람들과 속이는 자들은 더욱 악하여져서 속이기도 하고 속기도 하나니"라고 말합니다. "그것이 지금 세상에서 벌어지는 일이고 네가 교회를 목회하고 영혼을 감독하며 돌볼 때 벌어질 일"이라고 경고합니다.

"그러나 너는, 너만큼은 배우고 확신한 일에 거하라"고 명령합니다(14절). 무엇을 배우고 무엇을 확신하라는 말입니까? '오직 성경'을 말하고 있는 것입니다. 왜 그렇습니까? '오직 성경'만으로 충분하기 때문입니다. 이것이 바울의 요점입니다. 성경은 교훈하고, 책망하고, 바르게 하고, 의로 교육하고, 온전하게 하고, 능력을 갖추게 합니다. "성경으로 충분하다"는 것입니다.

오늘날 교회가 반드시 회복해야 할 유일한 것이 있다면 바로 '오직 성경'이라는 표제입니다. '오직 성경'이라는 표제는 그저 1년에 한 번 연례행사로 언급하고 지나칠 만큼 사소한 것이 아닙니다. 오직 성경이 무너지면 다 무너지기 때문입니다. 오늘날 교회는 과연 성경만으로 충분합니까? 오늘날 설교는 성경만으로 충분합니까?

오늘날 전체적으로 교회가 특별히 설교자들이 광범위하게 성경으로 충분하다는 위대한 교리를 포기한 듯 보입니다. 저마다 앞다투어 교회에서 설교를 축소하고 그 대신 매력적인 음악으로 대체하거나 드라마를 상영하거나 영화로 대체합니다. 설교를 시작해서 15분 정도 유명한 영화의 한 부분을 보여 주고, 거기에 성경 본문을 풀어 가다가, 또 잡다한 세상 이야기들을 버무려서 설교를 30-40분의 잘 편집된 시트콤으로 만들어 버리는 경우도 허다합니다. 그마저도 잘 편집된 설교라면 어느 정도는 참아 줄 수 있을 것입니다. 그러나 설교자가 무슨 말을 하는지 도통 모르겠는 설교도 참 많습니다. 하나님의 말씀인 성경을 묵직하고도 끈기 있게 설교하고 가르치기보다는 경박하고 얕은 전도 기법들을 사용합니다.

그들은 이제 더 이상 설교로는 교회가 부흥되지 않는다고 생각합니다. 교회가 성경을 강조해서는 사람들이 더 이상 교회에 모여들지 않는다고 믿습니다. 설교는 점점 주변부로 밀려나고 그 대신 신사도 운동, 빈야드 운동, 기적과 이적, 강단 초청, 결신과 결단 등 주변의 잡다하고 얄팍한 것들이 강단을 차지합니다. 아니, 아예 강단을 오른쪽이나 왼쪽 구석으로 처박아 둔 교회들도 있습니다.

여러분, 이런 것들은 잠시 우리의 호기심을 자극할 수 있고 맛있을 수도 있지만, 죄로 물든 우리의 영혼을 구원하는 일과 구원받은 성도의 온전한 생활에 충분한 것들이 아닙니다. 베드로의 선언처럼 우리가 거듭나고 구원을 받은 것은 "썩어질 씨로 된 것이 아니요 썩지 아니할 씨로 된 것이니 살아 있고 항상 있는 하나님의 말씀"으로 된 것입니다(벧전 1:23). 예수님도 세례 요한이 잡힌 후에 갈릴리에 오셔서 하나님의 복음을 전하며 "때가 찼고 하나님의 나라가 가까이 왔으니 회개하고 복음을 믿으라"고 하셨습니다(막 1:15).

우리가 요한복음에서 배우는 교훈이 무엇입니까? 이적과 표적, 병 고침과 오병이어로는 충분하지 않다는 것입니다. 죄인들에게 필요하고 유일하게 충분한 것은 오직 하나님의 복음의 말씀뿐입니다. 오직 하나님의 복음의 말씀만이 생명을 구원하는 일에 충분합니다. 왜 그렇습니까? 히브리서 기자의 말처럼 "하나님의 말씀은 살아 있고 활력이 있어 좌우에 날선 어떤 검보다도 예리하여 혼과 영과 및 관절과 골수를 찔러 쪼개기까지 하며 또 마음의 생각과 뜻을 판단"하기 때문입니다 (히 4:12).

이러한 때에 설교자들과 신자들은 20세기 위대한 설교자 로이드 존스 박사의 일성을 마음에 새길 필요가 있습니다. 그는 미국 웨스트민스터신학교의 초청을 받아 설교에 대한 강의를 했습니다. 그 강의를 책으로 펴낸 것이 바로 유명한 『목사와 설교』 또는 『설교와 설교자』입니다. 이 책을 시작하면서 로이드 존스 박사는 가장 먼저 이렇게 외칩니다. "오직 설교라야만 한다!"

오늘날에도 여전히 성경을 조롱하고 비판하는 사람들이 있습니다. 심지어 신자들 가운데도, 그리고 참혹한 일이지만 설교자들 가운데도 성경의 권위를 충분히 믿지 못하는 사람들이 있습니다. 아니, 성경의 권위는 믿지만 성경을 설교하는 것으로는 사람들이 결코 변하지 않는다는 비관적인 생각이 교계에 너무 만연해 있습니다.

오직 성경만이 죄인을 거듭나게 하고 사람을 변화시킵니다. 오직 성경만이 그리스도의 교회가 부흥하고 성장하는 힘입니다. 누군가가 변화되고 새로워지지 않는다면 성경에 문제가 있는 것이 아니라 타락한 죄인의 완고하고 강퍅한 마음에 문제가 있는 것입니다. 바울은 17절에서 성경이 하나님의 사람으로 온전하게 한다고 했습니다. 여기서 '온전하게 한다'에 쓰인 '엑사르티조'(exartizo)는 '충분하다'는 뜻입니다. 오직 성경만으로 충분합니다! 성경이 사람을 충분히 바꿉니다!

하나님의 말씀인 성경만이 죄인을 혁명적으로 변화시켜 하나님의 사람으로 온전하게 하실 수 있음을 굳게 믿고, 성경을 주야로 묵상하는 성도들이 되기를 소원합니다.

사랑하는 여러분, 이제 말씀을 맺겠습니다. 지난주에 심장 수술을 한 화린이가 오늘 예배를 드리러 일찍 나왔습니다. 저는 목양실로 찾아온 화린이를 기쁘게 맞이하고는 "치료 잘 받았어요?"라고 물었습니다. 화린이는 "네 목사님!"이라고 대답하고는 계속해서 이렇게 또박또박 말합니다. "뛰면 안 되고요, 계단 올라가면 안 되고요, 무거운 것도 들면 절대 안 돼요! 그러면 수술한 상처가 터질지도 모르는데요."

화린이는 연신 확신이 넘치는 어조로 안 된다는 말을 거듭 강조했습니다. 도대체 누가 화린이에게 이런 말을 한 것입니까? 물론 의사입니다. 그렇다면 화린이는 도대체 왜 이렇게 '안 된다'는 것을 확신 넘치게 강조하면서 그것을 지키고 있습니까? 그것이 생명에 직결된다고 믿기 때문이고, 자신의 신체적 생명을 치료하는 의사가 한 말이기 때문입니다.

여러분과 저는 과연 이렇게 성경을 믿고 있습니까? 성경을 하나님의 무거운 말씀으로 받아들이고 있습니까? 그것을 마음에 새기고 지키지 않으면 죽을 것처럼 받아들이고 있습니까? 그 말씀을 읽고 듣지 않으면 생명을 얻지 못할 것처럼 진지하게 대하고 있습니까?

어느 집사님이 이렇게 말한 적이 있습니다. "교인들이 의사의 말은 그토록 순종을 잘하면서 하나님의 말씀에는 왜 그렇게 순종을 안 하는지 모르겠어요." 정녕 하나님의 말씀을 의사의 말보다 못한 것으로 여기겠습니까? 우리의 육신을 살리는 의사의 말이 그토록 무겁게 지켜 내야 할 말이라면, 영혼과 육신을 동시에 멸하기도 하시고 살리기도 하시는 하나님의 말씀인 성경이야말로 우리가 온 마음을 다해 지켜 내야 할 말씀이 아닙니까!

초대 교부 요한 크리소스톰은 오늘 본문에 나오는 디모데를 향한 바울의 말을 이렇게 표현한 바 있습니다. "너에게는 지금 나 대신 성경이라는 주인이 있다. 이 성경에서 네가 알고자 하는 모든 것을 배울 수 있다."

참으로 그렇습니다. 성경에는 우리가 알고자 하고 알아야만 하는 모든 것이 다 있습니다. 성경은 구원과 행위의 유일무이한 법칙으로 충분한 하나님의 말씀입니다. '오직 성경'만이 여러분 인생의 등이요 여러분 길에 빛이 되기를 주님의 이름으로 축원합니다.

부록

마르틴 루터의 종교개혁 4대 특징

[16]내가 복음을 부끄러워하지 아니하노니 이 복음은 모든 믿는 자에게 구원을 주시는 하나님의 능력이 됨이라 먼저는 유대인에게요 그리고 헬라인에게로다 [17]복음에는 하나님의 의가 나타나서 믿음으로 믿음에 이르게 하나니 기록된 바 오직 의인은 믿음으로 말미암아 살리라 함과 같으니라. 로마서 1:16-17

2017년은 종교개혁 500주년을 맞이하는 뜻깊은 해입니다. 이는 마르틴 루터가 1517년 10월 30일 비텐베르크대학 교회당 정문에 95개의 토론 논제를 게시함으로 촉발된 개혁을 기념하는 운동입니다. 개혁이란 무엇입니까? 그것은 본래의 상태를 회복하는 것입니다. 본래 고유한 위치나 상태나 모습이나 습관이나 관례에서 일탈했거나 오류가 발생했다면 그것을 제거하고 본래의 모습으로 돌아가는 것입니다. 그리고 그 표준은 언제나 하나님의 말씀인 성경이어야 합니다.

국정 운영 역시 마찬가지입니다. 대통령은 국민이 위임한 권력을 법과 절차 그리고 도덕에 따라 행사해야 합니다. 따라서 입법부, 사법부, 행정부가 서로 분립하여 고유한 권한을 갖되 서로 균형을 이루어 국민이 위임한 권력을 국민을 위해 행사하고 정책을 펼치고 시행해야 합니다. 이런 법과 절차를 무시하거나 초월하여 권력이나 정책을 행사하고 시행한다면, 그것은 심각한 국기 문란입니다.

500여 년 전에 발생했던 종교개혁과 그 정신은 오늘날 우리 시대에도 여전히 적실하며, 비단 종교계에만 국한되는 것은 아닙니다. 따라서 종교개혁 500주년을 기념하는 주일에 종교개혁의 본격적인 타종을 울렸던 마르틴 루터의 생애와 사상 몇 가지를 고찰하며 그리스도인으로서 자신의 신앙과 삶을 전 영역에서 날마다 개혁해 가기를 소원합니다.

사실 개혁자 루터의 삶과 사상을 짧은 시간에 다룬다는 것은 불가능한 일입니다. 따라서 여기서는 제가 중요하다고 생각하는 루터의 종교개혁 원리를 네 가지로 살펴보려 합니다. 첫째는 신학의 개혁이요, 둘째는 미사의 개혁, 즉 예배의 개혁이며, 셋째는 말씀의 개혁이요, 넷째는 많은 이들이 조력한 개혁입니다. 이것을 하나하나 순서대로 살펴보겠습니다.

1. 신학의 개혁

제가 신학의 개혁이라 말씀드리는 것은, 특히 구원론 그중에서도 칭의론과 관련된 것이기 때문입니다. 마르틴 루터의 평생의 관심사는 '하나님 앞에서 어떻게 의롭게 설 것이냐'였습니다. 루터는 독일 북동부 작센 주에 있는 아이슬레벤에서 출생하여 그곳에서 세상을 떠났습니다. 그가 살던 세상은 하나님, 마귀, 죽음이 지배하던 세상이었습니다. 어린 시절, 그리고 수도원에 입문할 때까지 그에게 하나님이란 존재는 언제나 무시무시한 심판의 하나님이었고, 예수 그리스도 역시 심판자로 보았습니다. "심판하시는 하나님 앞에 과연 어떻게 설 것인가?" "과연 죄인이 하나님 앞에 살아남을 수 있겠는가?" "과연 죄인은 진노하시는 하나님 앞에서 의인이 될 수 있겠는가?" 이런 질문들이 루터의 생각을 끊임없이 사로잡았습니다.

당시에 이런 죄인이 구원받을 수 있는 가장 바람직한 길은 천주의 사제가 되는 것, 즉 수도사가 되는 것이었습니다. 수도원에 들어간다는 것은 하나님께 가까이 간다는 것을 의미했고, 수도사가 된다는 것은 하나님과 가까운 사람이 된다는 것을 의미했습니다. 수도원에 들어가서 금욕 생활을 하고 기도를 하며 죄를 고해하면 심판의 하나님께서 진노하심을 누그러뜨리실 것이라고 생각한 것입니다.

일반적으로 수도원에 입문한 사람은 항상 자기 죄를 고백하는 것이 일상이었습니다. 죄는 보통 네 가지 범주로 나뉩니다. 즉 가벼운 죄, 무거운 죄, 더 무거운 죄, 그리고 매우 무거운 죄로 나뉩니다. 가벼운 죄는 성경을 낭독하는 시간에 늦는 것, 미사 시간에 늦거나 다른 사람을 웃기거나 빈약하게 찬송하는 것, 잘못된 장소에 책을 꽂아 놓는 것 등이 포함되었습니다. 이런 죄들을 위한 속죄는 시편을 한 편 이상 읽는 것이었습니다. 한편으로 더 심각한 죄가 있습니다. 예를 들면, 거짓말하는 것, 여자와 이야기하는 것, 금식을 어기는 것 등입니다. 이런 죄를 용서받으려면 사흘 동안 금식해야 합니다. 루터는 평생 이렇게 자신의 양심을 속박하는 이런 율법의 규칙에 얽매여 살았습니다.

이런 속죄의 방법이 더욱 구체화된 것이 바로 면죄부입니다. 면죄부란 단어는 라틴어 '인둘겐티아'(*Indulgentia*)에서 왔습니다. 여기에서 영어 단어 '인덜전스'(Indulgence)가 파생되었습니다. 인둘겐티아는 '은혜, 특권, 호의' 등을 뜻합니다. 이것을 천주교회에서는 '대사'라고 부르는데, 즉 '크게 두루 사면한다'는 뜻입니다. 인둘겐티아는 본래 죄인이 범죄하면 사제에게 진실하게 죄를 고백하여 사함을 얻지만, 범죄한 사실과 결과는 남아 있으므로 그

죄에 대해 현세에서 죄 값을 치러야 하기 때문에 그것을 치르게 하는 방편으로 사용되었습니다. 예를 들면, 성지 순례를 하거나, 가난한 자에게 자선을 베풀거나, 금식을 하거나, 고행을 하는 것입니다. 이런 것들은 고해성사를 할 때 사제가 고해자에게 지정해 주었습니다. 바로 이때 면죄부 증서를 발행했던 것입니다.

당시 도미니칸 수도사 요한 텟젤이 가장 열렬한 면죄부 판매의 주동자였습니다. 우리가 잘 아는 대로 "주화가 돈궤에 쩔렁 떨어지는 순간 연옥에 있는 영혼이 튀어 오른다"라는 노랫말은 로마 천주교회를 조롱했던 개신교인들의 비판이 아니라, 실제로 텟젤이 면죄부 판매를 촉진하기 위해 사용한 것이었습니다. 일종의 사업을 위한 선전용 노랫말이었던 셈입니다. 텟젤은 면죄부에 대해 이렇게 말합니다. "사람들은 죄인이기 때문에 큰 은혜를 취득할 수 없습니다. 그리고 이것 때문에 사람들은 하나님의 은혜를 상실합니다. 그러나 이 면죄부를 통한 완전한 죄의 사면으로 당신은 다시 하나님의 은혜 안으로 들어갈 수 있습니다."*

그러나 면죄부는 죄의 형벌에 대한 사면이지, 인간의 죄책 자체에 대한 사면의 능력은 없었습니다. 이런 방식으로 면죄부는 본래 취지와 달리 계속 오염되고 타락했습니다. 돈을 받고 면죄

---

* *Fabish & Iserloh*, 1, p. 264, 셸더하위스, 『루터: 루터를 말하다』, p. 154에서 재인용.

부 증서를 발부해 주고 그 돈으로 가난한 자와 이웃을 돌보는 대신, 1506년에 본격적으로 시작된 성 베드로 대성당을 건설하고 일부 교황과 사제들의 주머니를 채우는 심각한 남용으로 이어졌습니다.

또한 이것은 중세 시대의 성화, 조각물, 성상, 이미지, 성인 숭배, 마리아 숭배 등을 통해 죄 사함을 받고 구원을 받을 수 있는 공로를 축적하는 수단으로 오용되었습니다. 예를 들면, 로마에 스칼라 상따(Scala Sancta)라는 계단이 있습니다. 이 스칼라 상따는 문자 그대로 '성스러운 계단'을 말합니다. 본디오 빌라도의 궁전에서 예수님이 십자가에 달리시기 전에 올라가셨다고 전해지는 계단으로 대리석 위에 나무판을 덮은 28개의 계단으로 이루어져 있습니다. 이 계단은 피 흘리시는 예수님이 수난의 금요일에 걸어 올라가신 계단이라고 여겨집니다.

주후 4세기경, 콘스탄틴 대제의 어머니 헬레나가 이 계단을 로마로 옮겨 왔습니다. 누구든지 주기도문을 외우며 이 계단을 무릎으로 기어 올라가면 계단을 올라갈 때마다 연옥에 있는 영혼을 구원할 수 있다고 말했습니다. 루터 시대의 신자들은 이런 방식으로 하나님의 구원을 취득할 수 있다고 생각했습니다. 루터가 95개조 가운데 제21조에서 로마 교황의 면죄부 발행을 비판한 것도 바로 이런 이유 때문입니다.

루터는 이미 1514년부터 시작했던 시편 강해와 특히 갈라디아서 강해, 로마서 강해를 통해 면죄부 판매는 사람들로 하여금 천국으로 가는 길을 쉽게 해주며, 그러면 은혜는 값싼 것이 되고 말 것이라고 경고한 바 있습니다. 그는 죄의 사면과 의의 획득은 인간의 선행이나 면죄부 구매로 획득할 수 없으며, 도리어 하나님의 은혜로 말미암아 오직 믿음을 통해 받을 수 있는 놀라운 은총임을 깨달았습니다. 루터는 말씀에 기초한 이런 신학의 개혁, 생각의 전환, 사상의 변화로 인해 로미 천주교회의 구원관, 특히 죄 용서와 칭의에 대한 사상에 의문을 제기했습니다. 그리고 그 중심에는 항상 성경이 있었습니다.

선행은 의롭다 함을 받은 신자의 마땅한 행위이지, 구원을 취득할 수 있게 해주는 수단이 아닙니다. 사람이 죄를 용서받고 의롭게 되는 것은 예수 그리스도께서 이루신 완전한 의를 믿음으로 받아들이는 것 외에는 다른 아무것도 없음을 확신하고, 그것이 얼마나 놀랍고 감사한 일인지 깨달으며, 더욱 그리스도의 의의 공로를 의지하는 성도들이 되기를 축원합니다.

2. 미사의 개혁

루터의 개혁은 참된 예배의 개혁입니다. 예배는 우리가 하나님께 무엇인가를 공로로 드리는 제사 행위가 아니라 하나님께서 우리에게 베푸시는 은총의 수단입니다. 그런데 로마 천주교회는 미사를 통해 미사 자체를 죄인을 구원하는, 즉 죄인들이 구원을 얻는 공로로 둔갑시켜 버렸습니다. 그 핵심에 성찬이 있었습니다.

개신교에는 두 가지 거룩한 예식, 즉 세례와 성찬이 있습니다. 하지만 로마 천주교회에는 일곱 가지 성례가 있습니다. 첫째, 성세성사(세례), 둘째, 견진성사(거룩한 기름을 바르는 것), 셋째, 고해성사(죄의 고백), 넷째, 성체성사(성찬), 다섯째, 종부성사(병자 위로), 여섯째, 신품성사(사제 서품), 일곱째, 혼배성사(결혼성사)입니다.

이 가운데 성체성사, 즉 성찬의 개혁에 대해서만 살펴보겠습니다. 거두절미하고, 로마 천주교회의 미사는 말씀보다 성체성사가 주를 이룹니다. 그 이유는 마지막 부분에서 살펴보겠습니다. 당시 로마 천주교회는 일반 신자들이 성경을 읽을 수 없게 만들었습니다. 그러므로 성찬식과 같은 의식(ritual, ceremony) 등을 통해 예배가 이루어졌음은 아주 당연합니다. 여기서 우리는 루터의 견해를 포함하여 성찬에 대한 전통적인 네 가지 견해를 아주 간략하게 살펴보고자 합니다.

첫 번째는 로마 천주교회의 성변화설입니다. 로마교회는 무엇보다도 성체성사를 아주 귀하게 여겼습니다. 로마교회에서 성체성사는 예수님의 희생을 재현하는 것입니다. 말하자면, 그리스도의 살과 피를 상징하는 떡과 포도주가 실제 그리스도의 살과 피로 순간적으로 변한다는 것입니다. 미사 시간에 사제가 떡과 포도주를 높이 들어 올리는 그때 떡과 포도주가 변한다는 것입니다. 이런 의식을 성체거양(elevation)이라고 합니다. 이것을 가리켜 우리 개신교에서는 화체설(transubstantiation)이라고 부르지만, 로마 천주교회에서는 성변화설이라고 부릅니다. 즉 떡과 포도주의 본질이 변화를 일으켰다는 말입니다. 그렇기 때문에 미사에 참여하는 사람은 자동적으로 사죄와 구원의 은혜를 받게 된다고 주장했던 것입니다.

그러나 이런 사상은 도리어 그리스도를 바라보지 못하게 하고 성찬식의 떡과 포도주라는 물질을 숭배의 대상이 되게 만들었습니다. 중세 시대의 신자들은 떡이 기적을 일으키고 병을 고친다고 믿었으며, 포도주 잔을 보관하여 숭배하기도 했습니다. 따라서 성변화설, 즉 화체설은 성찬을 우상 숭배로 전락시켜 버렸습니다. 웨스트민스터 신앙고백서 29장 4항은 이런 종류의 미사에 대해 다음과 같이 비판합니다.

> 사적인 미사, 즉 성례를 사제나 기타 다른 사람에게서 혼자 받는다든지(고전 10:6), 또는 잔을 일반 회중에게는 나누어 주지 않는다든지(막 14:23, 고전 11:25-29), 떡과 포도주에게 절을 한다거나 숭배할 목적으로 높이 치켜들거나, 아니면 가지고 돌아다닌다거나, 혹은 겉

치레만의 종교적인 용도를 위하여 그것들을 남겨 두는 일이 있다고 하면, 이 모든 것들은 이 예식의 본질에 대해서뿐만 아니라 그리스도께서 이 예식을 제정하신 본래의 뜻에도 어긋난다(마 15:9).

하지만 당시 신자들은 많은 죄를 용서받고 축복을 얻기 위해 미사에 참여했고, 사제들은 하루에도 몇 번씩 미사를 집례했습니다. 어떤 사제들은 "그리스도여, 빵 속에 머무소서. 그저 그대로 그냥 거기 계시소서"라고 말하며 진심어린 마음 없이 성찬을 조롱하기도 했습니다.

두 번째는 루터의 공재설입니다. 바로 이런 맥락에서 루터가 성찬을 개혁했던 것입니다. 루터는 화체설을 강력하게 반대했습니다. 그는 미사가 선행이나 공로가 되는 것을 반대했습니다. 그것은 오늘날 우리의 예배 참석이나 예배 행위가 공로가 되는 것과 동일한 것입니다. 어떤 이들은 로마 천주교회의 화체설이나 루터의 성찬에 대한 견해가 별반 다를 것이 없다고 주장하지만 결코 그렇지 않습니다. 루터는 떡과 포도주가 그리스도의 살과 피로 변화된다는 화체설을 명확하게 반대했습니다. 대신 그는 떡과 포도주가 그리스도의 살과 피로 변화되는 것이 아니라 그리스도께서 임재하신다고 주장했습니다. 떡과 포도주에 그리스도의 몸이 실재한다고 주장한 것입니다. 이것을 우리는 공재설이라고 부릅니다. 구별되지만 동시에 존재한다는 뜻입니다.

그러나 루터의 이런 견해는 필립 멜란히톤과 츠빙글리와 칼빈에게 공격을 받았습니다. 또한 개신교의 분열에 가장 큰 원인이 되기도 했습니다. 그럼에도 불구하고 당시 루터의 성찬 이해는 천주교회의 성변화설 특히 그것이 우상과 미신적 숭배로 전락하는 것을 반대한 엄청난 사건이었음은 두말할 필요가 없습니다.

세 번째는 스위스의 개혁자 츠빙글리의 견해입니다. 칼슈타트, 멜란히톤과 더불어 츠빙글리는 단순히 떡과 포도주를 그리스도의 살과 피를 상징하는 기호로 보았습니다. 예수님께서 "이것이 내 몸이니라"고 말씀하셨을 때 츠빙글리는 "이것이 내 몸을 의미한다 또는 상징한다"고 해석했습니다. 이 견해를 우리는 상징설 또는 기념설이라고 부릅니다. 따라서 이 견해는 살과 피를 상징하는 떡과 포도주를 통해 그리스도의 죽으심을 기념하고 생각하게 합니다. 이렇게 되면, 성찬이 은혜를 받는 방편인데 그저 기념하고 생각만 할 뿐 은혜를 받지 못하게 됩니다.

그러나 츠빙글리는 계속되는 루터와의 논쟁과 토론을 통해 성찬이 그저 상징만이 아니라 성찬에 참여하는 자들에게 위로를 제공한다고까지 발전시켰습니다. 그럼에도 불구하고 성찬의 요소에 그리스도께서 임재하시는지 아닌지가 루터와 츠빙글리를 분열시켰습니다.

마지막으로, 칼빈의 견해인 영적 임재설입니다. 칼빈은 스위스 신학자들을 소집해 루터파와 다른 개신교 유파 사이의 성찬에 대한 차이점을 해소하고 연합을 시도했습니다. 하지만 그때는 루터가 이미 세상을 떠난 후였고, 루터의 후계자들은 이 회의에 참석하지 않았습니다.

칼빈은 성찬을 영적인 교제로 보았습니다. 주님의 약속에 따라서 신자가 진정으로 예수 그리스도의 몸과 보혈에 참여하는 자가 되는 은혜의 방편으로 보았습니다. 칼빈은 성찬을 행할 때 그리스도의 몸과 피가 영적으로 임재하여 성찬에 참여하는 신자들이 그리스도의 구속의 은혜를 영적으로 체험한다고 믿었습니다. 따라서 신자는 성찬을 통해 그리스도의 임재를 믿음으로 경험하게 되는 것입니다. 이것을 우리는 영적 임재설이라고 부릅니다. 일반적으로 개혁교회는 칼빈의 영적 임재설을 지지하고 받아들입니다.

지금까지 성찬에 대한 네 가지 주요 견해를 살펴보았습니다. 천주교회의 화체설을 제외하고 츠빙글리나 루터나 칼빈에게서 일종의 공통점을 찾을 수 있습니다. 츠빙글리는 성찬에 주님의 위로가 있다고 했고, 루터는 주님의 임재가 현존한다고 했으며, 칼빈은 그리스께서 영적으로 임재하신다고 했습니다. 이런 주장들은 차이점이면서 동시에 공통점이 될 수도 있습니다.

하지만 여기서 우리가 주의해야 할 것이 하나 있습니다. 우리는 칼빈의 눈으로 루터를 보아서는 안 됩니다. 그리고 21세기의 신학적 잣대로 루터를 평가해서도 안 됩니다. 사실 루터의 미사 개혁은 대단히 혁명적인 것이었고, 로마 천주교회로부터 파문을 당하는 원인이 되기도 했습니다. 그러므로 우리는 당시 루터의 미사 개혁이 엄청난 것이었으며, 그것이 칼빈에 의해 좀 더 발전된 것임을 인정해야 합니다. 칼빈은 후일 루터에 대해 "우리에게 복음을 되돌려 준 인물"로 높이 평가합니다.

이처럼 미사는 우상이나 미신이 되어서는 안 됩니다. 성찬은 우상이나 미신이 되어서는 안 됩니다. 예배는 공로나 선행이 되어서는 안 됩니다. 예배나 성찬은 구원받은 신자의 감사와 감격의 표현이어야 하며, 하나님께서 은혜를 베푸시는 방편으로 이해해야 합니다. 우리는 예배나 성찬에서 사람이 너무 쉽게 우상화되고 미신화될 수 있음을 기억하고 삼가 조심해야 합니다.

평생 수도사로 살았던 루터는 1524년 10월 9일부터 수도사복 대신 평상복을 입고 설교했습니다. 루터는 미사 의식을 설교로 대체했습니다. 그는 말씀을 사랑했고 예배를 사랑했습니다. 따라서 교회 예배가 경건하지 못한 것을 보면 불같이 화를 냈습니다. 또한 불평하고 푸념하면서 예배당에 온다면 그런 사람들은 조용히 교회당을 떠나 젖소와 돼지들 틈에 끼는 게 더 나을 것이라고 혹평한 적도 있습니다. "만일 그들이 불평하며 세상 이야기나 나불나불 떠든다면, 그들은 젖소와 돼지들과 함께 그 일을 해야 할 것입니다. 그러면 젖소와 돼지들이 분명 반응을 보일 것입니다."

나아가 루터는 활력이 없는 예배를 드리느니 차라리 자신이 예배나 설교를 그만두는 편이 나을 것이라 말하기도 했습니다. 1545년 6월 어느 주일 날, 루터는 회중들이 기력 없이 조악하게 찬송을 부르는 것에 너무 화가 나서 교회당을 떠나 버렸습니다. 예배를 집례하던 루터의 동역자 부겐하겐 목사 역시 매우 화가 났습니다. 부겐하겐 목사는 이렇게 말했습니다. "여러분은 우리의 교부인 마르틴 박사를 예배당 밖으로 쫓아 버렸습니다. 여러분은 내게도 똑같이 그렇게 할 것이며, 그러면 나 역시 더 이상 여러분에게 설교할 수 없을 것입니다."

루터의 개혁은 예배의 개혁이자 성찬의 개혁이었습니다. 루터는 천주교의 미사를 개신교의 예배로 바꾸었고, 성체성사를 설교의 말씀으로 개혁했습니다. 오늘날 우리가 드리는 예배와 청종하는 말씀이 수많은 개혁자들, 특히 마르틴 루터의 개혁의 산물임을 깨닫고 더욱 하나님께 예배하고 경배하는 성도들이 되기를 주님의 이름으로 축원합니다.

3. 말씀의 개혁

말씀의 회복 운동 : 루터의 개혁은 말씀의 회복 운동입니다. 말하자면 성경의 회복 운동이었습니다. 성경을 회복한다니 그것이 무슨 말입니까? 중세 시대 특히 16세기는 하나님의 말씀인 성경이 로마 천주교회에 속박되어 있던 시대였습니다. 오늘날 저와 여러분이 마음껏 읽고 듣는 성경을 그 시대에는 읽을 수도 없었고 들어도 깨닫지 못했습니다. 그 이유가 무엇입니까? 당시 성경은 모두 라틴어로 기록되었고, 미사 집례도 라틴어로 진행되었습니다.

<u>세 개의 성벽에 포로된 교회</u> : 성경을 읽고 해석할 권위는 오직 로마교회와 교황에게만 있었습니다. 이런 의미에서 루터는 로마교회가 결코 거의 뚫을 수 없는 세 개의 성벽으로 담을 쌓아 요새화했다고 비난했습니다. 첫 번째 성벽은 교회의 권위가 국가 정부의 권위보다 더 높다고 믿는 것이었습니다. 두 번째 성벽은 오직 교황만이 성경을 해설할 자격이 있다는 교의였습니다. 세 번째 성벽은 교황이 교회 공의회의 권위보다 더 높은 권위를 소유했다는 믿음이었습니다. 이 두 번째 성벽, 즉 오직 교황만이 성경을 해설할 자격이 있다는 것이 문제의 핵심이었습니다. 루터는 로마교회의 이런 부패를 『교회의 바벨론 포로』에서 적나라하게 폭로하고 비판합니다.

성경 번역 : 1524년부터 1534년까지 거의 10년 동안 루터는 성경을 번역했습니다. 보름스 국회에 참석하고 로마 교황청으로부터 출교당한 이후 바르트부르크 성에 피신했을 때 신약성경을 번역했고, 비텐베르크대학으로 돌아와서 1534년에 구약성경 번역을 완성했습니다. 이것은 신자들로 하여금, 독일 국민들로 하여금 성경을 자신의 눈으로 직접 읽는 것을 의미했고, 동시에 로마 천주교회의 권위를 비판하는 것을 의미했습니다. 로마교회가 성경을 번역한 영국의 윌리엄 틴데일을 산 채로 화형시킨 이유가 바로 여기에 있습니다. 많은 설교자들이 면죄부 판매를 비판했다는 이유로 화형을 당했고, 루터도 화형의 위협을 당했습니다. 그럼에도 불구하고 루터는 성경을 번역했습니다. 이미 열여덟 종류의 성경 번역이 있었지만, 루터의 성경 번역은 탁월하여 무려 비텐베르크에서만 91쇄를 찍었고 해외에서는 253판을 거듭했습니다.

이는 성경만이 오직 최고이자 최상의 궁극적이며 유일한 권위가 되어야 함을 의미합니다. 어떤 개인도 교회도 공의회도 신앙의 궁극적 권위가 될 수 없습니다. 오직 성경만이 신앙과 행위의 유일무이한 법칙이 됩니다. 교회도 교단도 헌법도 조직도 개인도 하나님의 말씀인 성경의 권위 앞에 순종하고 순복해야 합니다.

기도, 묵상, 시련 : 루터는 성경을 사랑했고, 성경을 독일 국민들에게 되돌려 주었습니다. 그는 하나님의 말씀인 성경을 바르게 읽는 법을 기도(oratio), 묵상(meditatio), 시련(tentatio)이라는 것으로 가르쳤습니다. 루터 스스로 이것을 실천했습니다. 먼저 성경을 소리 내어 읽습니다. 그리고 그 원뜻을 찾아가며 열심히 공부하고 이해될 때까지 계속 읽으며 공부합니다. 또한 읽고 이해한 것을 삶에서 고난과 핍박을 받으며 희생과 헌신으로 증거합니다. 이것이 바로 루터가 말하는 기도, 묵상, 시련입니다.

그러므로 루터의 개혁은 탁상공론이 아닙니다. 말씀의 개혁입니다. 말씀을 읽어 내고 동시에 실천하는 개혁입니다. 회중에게 말씀을 되돌려 준 개혁입니다. 오늘날 일부 교권주의자들은 회중들로 하여금 성경을 읽지 못하게 합니다. 성경 읽기를 권장하지 않고 성경 연구와 경건서적을 읽는 것을 원하지 않습니다.

대형교회 목사들도 예외는 아닙니다. 한국에 내로라하는 대형교회 목사들 말 한마디 한마디가 우상이 될 수 있는 시대에 살고 있습니다. 그러므로 그들은 철저히 하나님의 말씀 앞에 더욱 순종하는 모습을 보여야 합니다. 뿐만 아니라 어떤 말을 공적으로 할 때 과연 그것이 성경적인지 아닌지 살펴야 합니다. 더 나아가 목사 개인은 성경적이라고 하지만, 시무하는 교회당에서 비성경적인 인물과 단체의 모임을 허용한다면 그 역시 일관되지 못한 비성경적인 모습입니다.

우리는 루터가 회복한 하나님의 말씀을 오늘날 다시 회복해야 합니다. 오늘날에는 성경이 도처에 널려 있습니다. 주석과 강해서와 사전과 책들이 널려 있습니다. 더욱이 유튜브, 페이스북을 통해 마음만 먹으면 얼마든지 말씀을 들을 수 있는 시대입니다. 하지만 그렇기에 정작 자신이 더 열심히 하나님의 말씀인 성경을 스스로 읽고 묵상하지 않습니다. 자신이 성경을 배우려는 열심을 내지 않습니다.

목사의 설교는 아주 중대합니다. 공적 예배에 참여하고 설교를 듣는 것은 아무리 강조해도 지나치지 않습니다. 그러나 그저 목사가 전해 주는 설교로만 만족하고, 일주일 동안 스스로 말씀을 주야로 묵상하며 영의 양식으로 삼는 경건 연습을 게을리한다면, 말씀은 회복되지 못할 것이며, 루터의 개혁은 허탈해지고 말 것입니다.

루터의 개혁이 말씀을 회복하는 개혁이었음을 굳게 믿고, 여러분의 일상생활에서 항상 말씀을 읽고 연구하며 묵상하고 기도하며 실천하는 개혁이 일어나기를 소원합니다.

4. 많은 조력자들이 함께한 개혁

<u>선제후 현자 프리드리히</u> : 작센의 영주인 프리드리히 선제후는 언제나 막강한 권력으로 루터를 보호해 주었습니다. 루터가 1521년

보름스 국회로부터 이단자로 출교당했을 때 그를 바르트부르크 성으로 피신시킨 장본인도 프리드리히였습니다. 이 성에서 루터는 융커 위르크라는 이름으로 중세의 무사인 기사로 변장하여 살았습니다. 이 성에서의 생활 일체를 책임진 사람도 프리드리히였습니다. 그는 언제나 루터의 수호자 역할을 했습니다. 그는 권력으로부터 루터를 보호했을 뿐만 아니라, 물질로 그의 개혁 운동에 조력해 주었습니다. 물론 그의 도움이 복합적이었고 항상 순수했던 것은 아니었지만 만일 프리드리히가 없었다면, 루터는 로마 교황청으로 소환당해 화형으로 생을 마감했을지도 모릅니다. 또한 신구약 성경을 독일어로 번역하는 일을 시작하지 못했을 것입니다. 하나님께서는 프리드리히를 통해 루터를 보호하셨고 루터의 사역을 돕도록 역사하셨습니다. 루터는 프리드리히의 장례식에서 그를 위해 설교했습니다.

지금도 오늘날의 루터를 조력하기 위한 오늘날의 프리드리히가 필요합니다. 자신이 사회적인 영향력을 가지고 있거나 많은 물질을 소유하고 있다면, 하나님께서 주도하시는 역사를 위해 하나님의 나라와 주님의 몸 된 교회와 하나님의 사람들을 위해 어떻게 사용해야 할지를 기도하면서 구체적으로 조력해야 합니다.

필립 멜란히톤 : 멜란히톤은 평생 루터의 동역자로서 종교개혁을

조력했습니다. 루터가 죽은 후에도 그의 개혁운동을 계속 수행했습니다. 멜란히톤은 1518년 비텐베르크대학의 헬라어 의장으로 봉사했고 신약성경을 가르쳤습니다. 많은 경우에 멜란히톤은, 불같은 성격의 소유자라서 많은 문제를 일으켰던 루터의 중재자 역할을 했습니다. 그는 온순하고 조용했으며 사태를 진정시키는 방법을 찾는 데 노련한 인물이었습니다. 반면에 루터는 과격하고 급진적이었으며 성격이 급하고 많은 사람들과 논쟁하며 마찰을 일으켰습니다. 그러나 이 둘은 서로 깊은 우정을 나누었습니다. 마치 형제애와 같았습니다.

루터는 멜란히톤에 대해 이렇게 말했습니다. "나는 당파주의자들과 마귀들과 싸우기 위해 태어났습니다. 이것이 바로 내 책들이 강렬하고 호전적인 이유입니다. 나는 그루터기와 가지들을 뽑아내고, 가시와 덤불을 잘라 내며, 구멍을 메워야 했습니다. 나는 길을 내는 탁월한 나무꾼이기에 많은 것들을 잘라 내야 했습니다. 그러나 필립 멜란히톤 선생은 조용하고 산뜻하게 일을 처리합니다. 그는 세우고 심고 뿌리고 물 주는 일을 합니다. 하나님께서 그에게 선물로 주신 은사들을 사용함으로 기쁘게 이 일들을 감당합니다."*

---

* WA 30/II, p. 619.

그러나 이로 인해 멜란히톤은 많은 고통을 당했습니다. 때때로 그는 루터의 분노한 얼굴을 보는 것이 무서웠다고 말할 정도였습니다. 루터가 얼마나 신경질적이었는지 모릅니다. 마틴 부서와 존 칼빈은 과연 루터가 지금 글을 읽을 수 있는 상태인지를 먼저 멜란히톤에게 물어봐야 했을 정도였습니다. 그러나 루터의 장례식에서 설교한 이 역시 멜란히톤이었습니다. 루터가 사망한 후에 힘들고 고통스럽게 지내던 루터의 아내 카타리나에게 돈을 빌려 주고 돌봐 준 이도 멜란히톤이었습니다. 이로 볼때, 종교개혁이란 한 사람의 영웅에 의해 수행되는 것이 아닙니다. 루터 곁에는 프리드리히가 있었고, 멜란히톤이 있었고, 그 밖의 수많은 사람들의 조력이 있었습니다.

카타리나 폰 보라 : 마지막으로, 루터의 아내 카타리나 폰 보라가 있습니다. 그녀를 빼놓고는 루터의 개혁을 말할 수 없습니다. 루터 종교개혁의 8할은 아내의 헌신이 있었기에 가능했을 것입니다. 카타리나는 본래 님브센 수녀원의 수녀였습니다. 1499년에 출생한 카타리나는 열 살 되던 때에 수녀원에 입문했고, 열여섯 살 되던 1515년에 수녀가 되겠다고 서약합니다. 그리고 1523년 4월에 열한 명의 다른 수녀들과 함께 수녀원을 탈출합니다. 이때 도와준 인물이 루터였습니다. 그리고 우여곡절 끝에 1524년 루터

와 결혼합니다.

루터는 결혼할 마음이 별로 없었고, 콧대 높고 말 많은 카타리나를 별로 사랑하지도 않았지만, 카타리나의 결혼 중매가 번번이 실패하고 카타리나가 루터와 결혼해도 괜찮다고 말하자 그녀와 결혼했습니다. 결혼 이후 루터는 아내를 끔찍이 아끼고 사랑했습니다. 루터는 이명증과 신장 결석, 끊임없는 두통, 위경련, 불면증, 환영을 보는 등 수많은 질병에 시달렸기에 카타리나는 수없이 루터를 돌봐야 했습니다. 뿐만 아니라 루터와 카타리나는 여섯 명의 아이를 낳았고, 일찍 죽은 루터의 누이들이 남긴 아이들 열한 명까지 총 열일곱 명을 돌봐야 했습니다. 또한 그녀는 기숙 학생들을 돌보고 농장을 운영하며 가축을 키우고 양조장을 관리하는 등 엄청나게 분주한 생활을 했습니다. 이 때문에 루터는 카타리나를 비텐베르크의 새벽별이라고 부르기도 했습니다.

믿음 좋은 루터 때문에 카타리나는 경제적으로 어려웠고 끊임없이 일을 해야 했습니다. 그러면서도 루터에게 정서적 안정을 주었고 사랑의 기쁨을 경험하게 해주는 사랑스러운 아내였습니다. 카타리나가 아니었다면 루터는 훨씬 더 일찍 죽었을지도 모릅니다.

이처럼 루터의 종교개혁은 결코 루터 혼자만의 것이 아니었습니다. 루터에게는 이외에도 많은 사람들의 조력이 있었습니다. 교회도 사회도 국가도 마찬가지입니다. 독불장군은 존재하지 않습니다. 천상천하 유아독존은 기독교가 아닙니다. 우리는 서로가 각각 나보다 남을 낫게 여기며 개혁운동에 동참해야 합니다. 바울은 로마서 12장에서 "부지런하여 게으르지 말고 열심을 품고 주를 섬기라 소망 중에 즐거워하며 환난 중에 참으며 기도에 항상 힘쓰며 성도들의 쓸 것을 공급하며 손 대접하기를 힘쓰라"고 권면합니다(11-13절).

여러분에게 시간이 있다면, 지식이 있다면, 물질이 있다면, 개혁운동을 위해 그것을 선용해야 합니다. 주님의 나라와 그의 의를 위해, 세상의 빛과 소금의 삶을 위해, 주님의 몸 된 교회와 언덕 위의 도성으로서의 교회를 위해 무엇을 조력해야 할지 깊이 생각하는 성도들이 되기를 축원합니다.

사랑하는 여러분, 개혁은 신학적 각성에서부터 시작됩니다. 그리고 그 시작은 늘 하나님의 말씀입니다. 그 적용 대상은 늘 자기 자신입니다. 개혁이란 다른 사람을 향한 것이 아니라 바로 나 자신을 향한 것이어야 합니다. 루터의 개혁에 항상 긍정적인 면만 있었던 것은 아닙니다. 앞에서 말씀드린 바와 같이, 루터는 매우 까다롭고 신경질적이며 쉽게 분노하는 사람이었습니다. 그는 불필요하게 많은 대적자들을 만들어 냈습니다. 이는 종교개혁에 상당한 걸림돌이 되었음이 분명합니다.

또한 루터는 당시 주음료인 맥주를 과도하게 마셔서 아내 카타리나의 걱정을 사기도 했습니다. 실제로 맥주는 루터의 소화에 큰 도움이 되었고 신경질적인 질병을 완화시키는 역할을 했습니다. 그러면서도 루터는 술을 마시며 인생을 낭비하는 비텐베르크 대학생들을 비판하며 다른 대학으로 떠나라고 명령했습니다. 루터는 종종 무절제할 때도 있었지만 대부분 자신의 건강 상태로 인해 맥주를 자주 마셨습니다. 그렇기 때문에 '루터가 맥주를 마셨으니 술을 마시는 건 죄가 아니다'라는 단순한 이분법적 논리를 펼치는 사람들이 종종 있는데, 그것은 역사적 맥락을 전혀 모르고 하는 소리입니다.

어쨌든 하나님께서는 루터를 귀하게 사용하셨습니다. 루터는 63세의 일기로 세상을 떠났습니다. 흑사병이 기승을 부리던 세계에서 아주 오래 산 삶이었습니다. 그는 많은 질병이 있었지만 강인했고 불굴의 의지로 싸우며 수많은 작품을 남겼습니다. 오늘날 우리에게 남겨진 루터 전집은 8절지로 600쪽이 넘는 책이 100권이 넘습니다. 그는 1년에 무려 1880쪽 이상 집필했습니다. 참으로 엄청나게 수고로운 작업이 아닐 수 없습니다.

그렇다고 해서 루터에게 어떤 특별한 종교개혁 프로그램이나 계획표가 있었던 것은 아닙니다. 루터는 그저 하나님의 말씀인 성경에 충실하려 했고, 성경에 따라 설교하고 강의했으며, 성경에 따라 권면하고 행동했습니다. 루터의 판단 기준과 행동 기준은 언제나 성경이었습니다. 그는 성경으로 기도했으며, 성경을 읽고 공부했으며, 성경대로 실천했습니다. 또한 성경을 번역하여 성경의 복음을 백성들에게 돌려주었습니다.

루터의 개혁은 신학의 개혁이었고, 예배의 개혁이었으며, 말씀의 개혁이었습니다. 그리고 하나님께서 붙여 주신 많은 조력자들이 있어서 루터는 외롭지 않았습니다. 조국 교회의 신실한 모든 성도들이 신학적으로 각성되고 개혁된 예배 속에서 말씀을 중심으로 삼고 개혁신학 운동에 조력하고 진력하기를 주님의 이름으로 축원합니다.

추천도서

대니얼 하이드 『개혁교회에 오신 것을 환영합니다』

파이브 솔라는 종교개혁의 위대한 유산일 뿐 아니라 오고 오는 모든 개혁교회들의 위대한 신앙적 유산입니다. 북미개혁연합교회 소속의 목사인 하이드는 3, 4, 5장에서 개혁교회의 중심 신학으로서 종교개혁의 5대 표제를 비교적 쉽게 그러나 깊이 있게 설명합니다. 개혁된 교회에 있어서 종교개혁의 5대 표제가 차지하는 의미와 비중을 알기 원한다면, 단연 이 책을 읽어야 합니다.

조엘 비키 『칼빈주의』

비키 박사가 편저한 이 책은 종교개혁 신학의 근본 교리들을 칼빈주의 신학에 근거해 설명합니다. 그는 칼빈주의를 딱딱하고 고리타분한 교리가 아니라, 하나님의 영광을 노래하게 하는 뜨거운 심장을 만드는 교리로 소개합니다.

2010년 스티브 로손 박사가 목회하는 앨라배마 주 모빌에 소재한 교회의 설교 컨퍼런스에서 비키 박사를 만난 적이 있습니다. 그 후로 줄곧 한국을 방문할 때마다 교제하고 있는 비키 박사는, 오직 그리스도를 믿음으로 말미암아 오직 하나님께만 영광을 돌리는 삶이 무엇인지를 자신의 신학과 실천을 통해 보여 주는 신학자이자 목회자입니다.

제임스 몽고메리 보이스 『개혁주의 서론』

보이스는 1968년 3월 17일 필라델피아 제10장로교회의 담임목사로 부임하여 4월 14일 부활주일에 첫 설교를 한 이래로 32년간 설교와 목회 사역을 했습니다. 그는 2000년 4월 23일 부활주일에 마지막 설교를 하고 6월 15일 하나님의 품에 안겼습니다. 보이스가 많은 어려움에 빠진 제10장로교회를 가장 강력한 교회로 우뚝 세워 놓을 수 있었던 것은 종교개혁의 5대 표제가 그의 인생을 흔들었기 때문입니다.

보이스는 이 책 2부에서 종교개혁의 5대 표제를 설명하는데, 2부의 주제는 '세상을 뒤흔든 교리들'(Doctrines that shook the World)입니다. 종교개혁의 5대 표제를 이해하기 쉽게 읽을 수 있는 단 한 권을 추천하라면, 단연코 이 책입니다.

토마스 슈라이너 『오직 믿음』

이 책은 교회가 서기도 하고 넘어지기도 하는 칭의 교리에 집중하여 저술되었습니다. 슈라이너는 초대교회부터 종교개혁 시대의 저술을 통해 칭의 교리를 서술하고, 믿음과 관계한 칭의 교리에 대한 본문 주해를 통해 믿음으로 말미암는 칭의 교리를 설명합니다. 뿐만 아니라 진통적인 칭의 교리에 대한 현대적 도전을 서술하고 적절하게 배격합니다. 저는 무엇보다도 결어에 나오는 슈라이너의 다음 고백에 적극 동의합니다.

"마지막 날에 대한 나의 소망은 내가 이루어 온 변화에 의거한 것이 아닐 것이다. 내가 이루어 온 것들을 의지해서 그날에 하나님 앞에 설 수 있다고 말하는 것은 터무니없다. 나는 예수 그리스도를 의지한다. 그리스도는 나의 의다. 그리스도는 내 구원의 보증자이시다. 나는 오직 하나님의 영광을 위해 오직 그리스도 안에서 오직 믿음으로 말미암아 의롭다 함을 얻는다."

데이비드 반드루넨 『오직 하나님의 영광』

오늘날 우리 시대에 가장 회복해야 할 주제가 있다면, 아마도 오직 하나님의 영광이 아닐까 합니다. 전적으로 '나'(I) 중심의 문화에 살고 있는 오늘날의 신자들은 하나님의 영광에 집중하지 못하고 있습니다. 우리 시대에 가장 영향력 있는 개혁주의 신학 교수이자 작가이며 변호사인 반드루넨은 이 책에서 하나님의 영광의 회복을 말하고 있습니다. '오직 하나님의 영광'에 대한 거룩한 헌신만이 참된 경건의 회복을 북돋을 수 있기 때문입니다.

매튜 바렛 『오직 하나님의 말씀』

'파이브 솔라 시리즈'의 편집자이기도 한 바렛은 오직 하나님의 말씀인 성경이 왜 신자와 교회에 있어서 가장 최고의 권위이며 궁극적인 권위인지를 역사적, 성경적으로 진술하고 있습니다. 하나님의 말씀이 무너지면 신자의 신앙과 교회를 건강하게 세울 터는 없습니다. 바렛은 '오직 하나님의 말씀'이라는 표제에 기초해야 건강한 교회의 미래를 담보할 수 있다고 주장합니다. 무엇보다도 성경은 알아듣기 어려운 책이 아니라 하나님께서 우리가 알아듣게 말씀하시는 명료한 책이라고 말하는 부분이 가장 인상 깊었습니다.

찰 트루먼 『오직 은혜』(Grace Alone, 근간)

미국과 영국 유학시절 잠시 교제한 적이 있는 트루먼은 이 책에서 구원이 인간의 노력이나 공로 없이 무조건적인 선물로 주어진다는 은혜의 교리를 역사적 신앙고백서와 성경적 기원을 통해 웅변적으로 증거합니다. 동시에 트루먼은 말씀과 성례와 기도라는 은혜의 방편을 통해 어떻게 은혜가 주어지는지를 서술하고, 이 점에 있어서 신자의 어머니로서의 교회가 얼마나 중요한 자리를 차지하고 있는지를 강조합니다.

스티븐 웰럼 『오직 그리스도』(Christ Alone, 근간)

기독론은 두 가지 중심 주제로 구분할 수 있는데, 하나는 그리스도의 인격이요 다른 하나는 그분의 사역입니다. 그리고 이것은 파이브 솔라의 한가운데 있는 중심부라 할 수 있습니다. 웰럼은 무엇보다도 성경을 통해 '오직 그리스도'를 탐구하면서 1부에서는 그리스도의 인격과 정체성에 대해, 2부에서는 선지자, 제사장, 왕으로 오신 고난받는 종으로서의 그리스도의 사역을 그려 줍니다. 그리고 마지막 3부에서는 종교개혁자들이 왜 그토록 목 놓아 '오직 그리스도'를 외쳤는지, 그것이 현대를 살아가는 우리에게 어떤 의미가 있는지 가르쳐 줍니다.

* 이외에 지평서원에서 출간한 '21세기 리폼드 시리즈' 『오직 은혜로』, 『오직 성경으로』, 『오직 그리스도 안에서』, 『오직 믿음으로』, 『오직 하나님께 영광』을 추천합니다. 그리고 이 책의 각 장 앞부분에 인용한 글의 출처인 마틴 로이드 존스 박사의 『앤솔러지』(지평서원)와 존 칼빈의 『기독교 강요』(크리스천다이제스트)를 추천합니다.

원서

1. James Montgomery Boice, *Whatever Happened to the Gospel of Grace?*(Wheaton, Illinoise: Crossway Books, 2002). (『개혁주의 서론』 부흥과개혁사)

2. James Montgomery Boice and Philip Graham Ryken, *The Doctrines of Grace*(Wheaton, Illinoise: Crossway Books, 2002).

루터 관련 추천도서

김용주 『칭의, 루터에게 묻다』

김용주 교수는 독일 베를린에서 루터 신학 연구로 교회사 박사학위를 받은 루터 신학 연구의 권위자입니다. 저자는 이 책에서 한국 교회의 루터 이해를 분석하며, 루터의 칭의 교리의 변화를 잘 설명하고 있습니다. 그래서 이 책도 루터 칭의론의 계기로부터 시작해서 발전과 완성으로 끝납니다. 실제로 율법에 대한 루터의 견해는 그의 제자 아그리콜라와의 논쟁을 통해 상당한 변화를 겪게 됩니다. 루터의 칭의론을 올바로 이해하기 원하는 독자들에게 유익한 책입니다.

헤르만 셀더하위스 『루터, 루터를 말하다』

루터에 대한 한 권의 책을 추천하라면, 저는 이 책을 고르고 싶습니다. 단순히 이 책을 제가 번역했기 때문이 아닙니다. 이 책은 칼빈에 대한 권위 있는 학자인 셀더하위스가 루터의 언어로 루터를 설명한 가장 루터적인 책이라 할 수 있습니다. 국내에서 두 차례 만나 교제한 적이 있는 셀더하위스는 유쾌하기 짝이 없습니다. 그래서인지 이 책도 매우 솔직하고 담백합니다. 돌려 말하는 법 없이 직선적입니다. 번역하면서 가장 즐거웠던(물론 번역은 루터가 말하는 바와 같이, 가시밭과 돌멩이들을 걸러내 매끈한 길을 만드는 고된 작업입니다) 책이 아닐 수 없습니다. 루터의 언어로 루터를 읽기 원한다면, 이 책을 보십시오.

우병훈 『처음 만나는 루터』

저자는 주목받는 개혁파 신학자로 교회사에 나타난 탁월한 신학들을 21세기 신학과 교회에 적용하는 것을 연구 과제로 삼고 있습니다. 한 교회의 강의 요청으로 시작된 이 책은, 후에 독일을 실제로 여행하면서 많은 수정과 보완을 거쳐 탄생한 작품입니다. 따라서 이 책은 그저 학문적이지만은 않습니다. 김남준 목사는 이 원고를 읽고 한참을 울었다고 합니다. 1장부터 12장까지 연대기적으로 또한 주제별로 저술되었기에 독자들은 처음부터 읽어도 되고, 관심이 가는 주제부터 읽어도 좋을 훌륭한 책입니다.